宋韵文化生活系列丛书

应雪林 主编

书院悠然

SHUYUAN
YOURAN

言 宏 俞寅琳 著

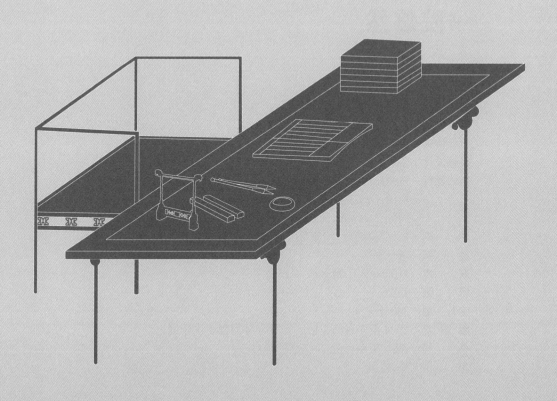

杭州出版社

图书在版编目（CIP）数据

书院悠然 / 言宏，俞寅琳著 . -- 杭州 ：杭州出版社，2024.4

（宋韵文化生活系列丛书）

ISBN 978-7-5565-2025-1

Ⅰ．①书… Ⅱ．①言… ②俞… Ⅲ．①书院－研究－中国－宋代 Ⅳ．① G649.299

中国国家版本馆 CIP 数据核字（2023）第 005379 号

项目统筹　杨清华

SHUYUAN YOURAN
书院悠然

言　宏　俞寅琳　著

责任编辑　蒋晓玉
责任校对　陈铭杰
美术编辑　章雨洁
责任印务　姚　霖
装帧设计　蔡海东　倪　欣
出版发行　杭州出版社（杭州市西湖文化广场 32 号 6 楼）
　　　　　电话：0571-87997719　邮编：310014
　　　　　网址：www.hzcbs.com
印　　刷　浙江海虹彩色印务有限公司
经　　销　新华书店
开　　本　710 mm×1000 mm　1/16
印　　张　13.25
字　　数　230 千
版 印 次　2024 年 4 月第 1 版　2024 年 4 月第 1 次印刷
书　　号　ISBN 978-7-5565-2025-1
定　　价　85.00 元

浙江文化研究工程成果文库总序

有人将文化比作一条来自老祖宗而又流向未来的河，这是说文化的传统，通过纵向传承和横向传递，生生不息地影响和引领着人们的生存与发展；有人说文化是人类的思想、智慧、信仰、情感和生活的载体、方式和方法，这是将文化作为人们代代相传的生活方式的整体。我们说，文化为群体生活提供规范、方式与环境，文化通过传承为社会进步发挥基础作用，文化会促进或制约经济乃至整个社会的发展。文化的力量，已经深深熔铸在民族的生命力、创造力和凝聚力之中。

在人类文化演化的进程中，各种文化都在其内部生成众多的元素、层次与类型，由此决定了文化的多样性与复杂性。

中国文化的博大精深，来源于其内部生成的多姿多彩；中国文化的历久弥新，取决于其变迁过程中各种元素、层次、类型在内容和结构上通过碰撞、解构、融合而产生的革故鼎新的强大动力。

中国土地广袤、疆域辽阔，不同区域间因自然环境、经济环境、社会环境等诸多方面的差异，建构了不同的区域文化。区域文化如同百川归海，共同汇聚成中国文化的大传统，这种大传统如同春风化雨，渗透于各种区域文化之中。在这个过程中，区域文化如同清溪山泉潺潺不息，在中国文化的共同价值取向下，以自己的独特个性支撑着、引领着本地经济社会的发展。

从区域文化入手，对一地文化的历史与现状展开全面、系统、扎实、有序的研究，一方面可以藉此梳理和弘扬当地的历史传统和文化资源，繁荣和丰富当代的先进文化建设活动，规划和指导未来的文化发展蓝图，增强文化软实力，为全面建设小康社会、加快推进社会主义现代化提供思想保证、精神动力、智力支持和舆论力量；另一方面，这也是深入了解中国文化、研究中国文化、发展中国文化、创新中国文化的重要途径之一。如今，区域文化研究日益受到各地重视，成为我国文化研究走向深入的一个重要标志。我们今天实施浙江文化研究工程，其目的和意义也在于此。

千百年来，浙江人民积淀和传承了一个底蕴深厚的文化传统。这种文化传统的独特性，正在于它令人惊叹的富于创造力的智慧和力量。

浙江文化中富于创造力的基因，早早地出现在其历史的源头。在浙江新石器时代最为著名的跨湖桥、河姆渡、马家浜和良渚的考古文化中，浙江先民们都以不同凡响的作为，在中华民族的文明之源留下了创造和进步的印记。

浙江人民在与时俱进的历史轨迹上一路走来，秉承富于创造力的文化传统，这深深地融汇在一代代浙江人民的血液中，体现在浙江人民的行为上，也在浙江历史上众多杰出人物身上得到充分展示。从大禹的因势利导、敬业治水，到勾践的卧薪尝胆、励精图治；从钱氏的保境安民、纳土归宋，到胡则的为官一任、造福一方；从岳飞、于谦的精忠报国、清白一生，到方孝孺、张苍水的刚正不阿、以身殉国；从沈括的博学多识、精研深究，到竺可桢的科学救国、求是一生；无论是陈亮、叶适的经世致用，还是黄宗羲的工商皆本；无论是王充、王阳明的批判、自觉，还是龚自珍、蔡元培的开明、开放，等等，都展示了浙江深厚的文化底蕴，凝聚了浙江人民求真务实的创造精神。

代代相传的文化创造的作为和精神，从观念、态度、行为方式和价值取向上，孕育、形成和发展了渊源有自的浙江地域文化传统和与时俱进的浙江文化精神，她滋育着浙江的生命力、催生着浙江的凝聚力、激发着浙江的创造力、培植着浙江的竞争力，激励着浙江人民永不自满、永不停息，在各个不同的历史时期不断地超越自我、创业奋进。

悠久深厚、意韵丰富的浙江文化传统，是历史赐予我们的宝贵财富，也是我们开拓未来的丰富资源和不竭动力。党的十六大以来推进浙江新发展的实践，使我们越来越深刻地认识到，与国家实施改革开放大政方针相伴随的浙江经济社会持续快速健康发展的深层原因，就在于浙江深厚的文化底蕴和文化传统与当今时代精神的有机结合，就在于发展先进生产力与发展先进文化的有机结合。今后一个时期浙江能否在全面建设小康社会、加快社会主义现代化建设进程中继续走在前列，很大程度上取决于我们对文化力量的深刻认识、对发展先进文化的高度自觉和对加快建设文化大省的工作力度。我们应该看到，文化的力量最终可以转化为物质的力量，文化的软实力最终可以转化为经济的硬实力。文化要素是综合竞争力的核心要素，文化资源是经济社会发展的重要资源，文化素质是领导者和劳动者的首要素质。因此，研究浙江文化的历史与现状，增强文化软实力，为浙江的现代化建设服务，是浙江人民的共同事业，也是浙江各级党委、政府的重要使命和责任。

2005 年 7 月召开的中共浙江省委十一届八次全会，作出《关于加快建设文化大省的决定》，提出要从增强先进文化凝聚力、解放和发展生产力、增强社会公共服务能力入手，大力实施文明素质工程、文化精品工程、文化研究工程、文化保护工程、文化产业促进工程、文化阵地工程、文化传播工程、文化人才工程等"八项工程"，实施科教兴国和人才强国战略，加快建设教育、科技、卫生、体育等"四个强省"。作为文化建设"八项工程"之一的文化研究工程，其任务就是系统研究浙江文化的历史成就和当代发展，深入挖掘浙江文化底蕴、研究浙江现象、总结浙江经验、指导浙江未来的发展。

浙江文化研究工程将重点研究"今、古、人、文"四个方面，即围绕浙江当代发展问题研究、浙江历史文化专题研究、浙江名人研究、浙江历史文献整理四大板块，开展系统研究，出版系列丛书。在研究内容上，深入挖掘浙江文化底蕴，系统梳理和分析浙江历史文化的内部结构、变化规律和地域特色，坚持和发展浙江精神；研究浙江文化与其他地域文化的异同，厘清浙江文化在中国文化中的地位和相互影响的关系；围绕浙江生动的当代实践，深入解读浙江现象，总结浙江经验，指导浙江发展。在研究力量上，通过课题组织、出版资助、重点研究基地建设、加强省内外大院名校合作、整合各地各部门力量等途径，形成上下联动、学界互动的整体合力。在成果运用上，注重研究成果的学术价值和应用价值，充分发挥其认识世界、传承文明、创新理论、咨政育人、服务社会的重要作用。

我们希望通过实施浙江文化研究工程，努力用浙江历史教育浙江人民、用浙江文化熏陶浙江人民、用浙江精神鼓舞浙江人民、用浙江经验引领浙江人民，进一步激发浙江人民的无穷智慧和伟大创造能力，推动浙江实现又快又好发展。

今天，我们踏着来自历史的河流，受着一方百姓的期许，理应负起使命，至诚奉献，让我们的文化绵延不绝，让我们的创造生生不息。

2006 年 5 月 30 日于杭州

让我们回望千年，一同走进宋人的世界

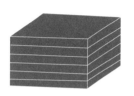

目 录
Contents

引　言

　　书院是我国特有的一种社会文化教育机构，起源于唐，发展兴盛于宋，延续一千多年后，于 1904 年左右因《奏定学堂章程》（俗称"癸卯学制"）颁布改制为现代学校。书院主要有藏书、读书、讲学、研究、刻书、祭祀、休闲等功能，因此，书院是一种公共空间，书院生活也是古代知识分子的一种公共生活，并影响到百姓追求。

　　宋代是书院繁荣发展的重要历史时期，书院遍及全国各地，是培养人才、传承文化、学术创新、教化民众、开启民智的重要场所，对社会发挥着重要作用。

　　宋代书院大多由私人或家族创办或主持。朝廷和地方官府大力扶持民间兴建书院，并通过资助、褒奖等方式支持书院，因此，可以说，宋代书院很多是私办官助的。同时，书院渐渐与科举制度、理学传播结合起来，获得较好发展，成为宋代文化灿烂独特的风景。

　　宋代书院有自己的办院目标与学术文化主张，总体上呈现出人格教育与知识教育并重、教育教学与学术研究结合、学生自学与质疑并行、山长（即书院负责人）管理与学生自治互补的特征。这些颇具特色的教育教学模式对后世教育和文化产生了深远影响。

宋代书院是独立运作的文化教育机构，有独特完备的体系。一是师资管理，包括山长和师资的选择，要求德才皆备，并从制度上提出资格要求，确保书院学术研究、教学水平达到一定水准。二是学生管理，入书院学习者（指正规名额录取者）需要经过考试并有名额的限制，建立了考勤、考试、奖惩等制度，要求学生学业德行、言行举止皆符合书院规约。三是教学管理，书院有独特的课程与教学内容，有自学质疑、讲学和会讲、日记教学等教学形式，培养学生自学与独立研究能力。四是行政管理，实行山长（堂长）负责制，保证书院管理组织有序、高效平稳。五是经费管理，多元化的经费筹措渠道，在经济上保障书院正常运行。

书院既脱胎于中华文明，又丰富发展了中华文明，并对中国后世的教育与文化起到了关键作用。书院也发挥了中华文化对外传播中的媒介作用，对东亚、东南亚等地区产生了重大影响。

研究宋韵文化，书院文化是其中一个重要的内容。研究宋代书院不仅具有历史价值，更具有穿越时空的现实价值，其精华可以给现代社会带来借鉴，其特有的组织形式，在新时代会焕发出新的生机。

让我们一起走进宋代别具一格的书院生活，听到琅琅书声，看到令人心醉的学习氛围，感受其独特的精神品格和文化意蕴，体会"天地与我并生，万物与我为一"的境界。

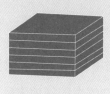

书院悠然 SHUYUAN YOURAN

书院兴起伴坎坷

"雨过琴书润，风来翰墨香。"一提到书院，人们就会想到墨香悠然，书声琅琅，是文人学子聚会读书的好地方。

星罗棋布的书院是中国古代生活变迁的注脚，也为中国教育、学术、文化、出版、藏书等事业的发展，为学风士气、民俗风情的培育，为国民思维习惯、伦理观念的形成，为中华文明的传播作出了重大的贡献。

书院之名出现于唐朝。五代战乱，民生凋敝，政府顾不上兴学建校，民间书院得到较好发展。到了宋代初期，统治者意识到了教育的弱化会影响统治基础，于是确立了"以文治国"的价值取向，科举取士。在这样的社会风尚影响下，北宋初年，书院多点开花，发展呈井喷之势。北宋总共有 9 位皇帝，历经 167 年，在宋初三位天子在位的 62 年间，新建以及兴复的书院共计 22 所，占宋代新建及兴复书院数的 30%。

北宋初期书院代替官学，看起来轰轰烈烈的书院发展却因为后期的三次兴学，带来了 80 余年的寥落。三次兴学运动，其实是兴办官学的运动。三次兴学的标志性人物分别是范仲淹、王安石、蔡京，标志性事件是三次教育政策大调整。这些外部环境变化让书院的命运起起伏伏。

一、书院诞生　正逢唐朝

对于书院，我们都有感性的体验和认知，但是书院到底指的是什么呢？中国书院研究中心主任、湖南大学岳麓书院教授、博士生导师邓洪波先生在《中国书院史》中定义，书院是中国古代士人围绕着书，开展包括藏书、读书、教书、讲书、修书、著书、刻书等各种活动，进行文化积累、研究、创造与传播的文化教育组织。书院有近 1300 年的历史，数量至少有 7500 所之多。

那么，最早的书院是怎么来的呢？

（一）书院教育　源自唐代

"书院出现于唐代，这是不争的事实，但究竟出现于唐代何时，却是一个有争议的问题。"邓洪波先生在《中国书院史》中这么说。

传统观点认为，建于唐玄宗时代（712—756）的丽正、集贤书院是最早使用"书院"名称的机构，这出于清袁枚《随园随笔》一书。其实不然，唐玄宗时代的文献可以证明，在丽正、集贤书院之前，民间已有书院存在。况且彼时的丽正、集贤书院是官府的修书之地，是皇宫的图书馆，而非士人读书研修之地，也尚未成为培养人才的教育机构。

书院是新生于唐代的中国士人的文化教育组织。书院有民间和官府两个源头，即一个是私人治学的书斋，另一个是官府整理典籍的衙门。现在普遍认为，在"一私一官"两个源头中，私人书院是更早的。

有人说，书院教育的本质是私人藏书聚徒讲学。私人讲学活动在中国有悠久的历史，自孔子首创私学，到诸子百家率徒讲学，私学发展，奠定了私人讲学的基础。从历史的维度看，秦代虽然明令禁止私人讲学，却是禁而不止。全汉代，私人讲学蓬勃兴起，并创立了私学的高级形式——精舍或精庐。

根据地方志记载，唐玄宗之前，如今湖南攸县的光石山书院、陕西蓝田的瀛洲书院、山东临朐的李公书院、河北满城的张说书院等四所书院都已经小有名气，这些就是中国历史上最早的书院了。"据此，甚至可以推定，书院产生于唐代初期。"邓洪波先生这么认为。

当时，最为出名的是光石山书院。光石山书院是早于丽正、集贤书院的民间书院，它比同处湖南的岳麓书院早了400多年。据《湖南通志》《古今图书集成》等史料记载，公元498年，南齐老臣司空张岊不满暴政，长叹"齐国将亡"，"挂冠东门"退隐山林，来到攸县麒麟山时，被优美环境吸引，阖家搬来，建光石山书院，潜心修炼，据传最终率领"全家八十余口，白日冲天，成了神仙"。天宝七年（748），唐玄宗"以司空全家升举异之"下令建造规模宏大的朱阳观作为供奉司空张岊的祠宇。书院最初常与道观相连，这也是一个例证。

最初的书院只是士人的读书治学之处，后来从个人扩展至众人，开始了传道授业的教学活动，最典型的是漳州龙溪松洲书院。松洲书院办学历史较长，主持人是唐人陈珦。陈珦字朝佩，是漳州首任刺史陈元光之子，早期以漳州文学教官的身份受聘于龙溪县令席宏，后期6年则是以退休官员的身份"聚众授徒"。这样来看，松洲书院，前段可以被视作县级"乡校"，后段则是私家书院。

漳州这个地方，是陈元光在垂拱二年（686）平定闽粤之间的"蛮苗"暴动后请求设立的。陈元光认为设置州府与兴办学校是教化百姓形成风尚的重要之举，他在《请建州县表》一文中这么说："其本则在创州县，其要则在兴庠序。盖伦理谨则风俗自尔渐孚，治理彰则民心自知感激。"可见，陈元光认为礼教有约束人心的根本力量，正所谓"兵革徒威于外，礼让乃格其心"。

陈珦完成了帮助其父化民成俗的心愿。武则天万岁通天元年（696），陈珦举明经及第，授翰林承旨直学士，但他"上疏乞归养"，实则是为了回乡帮助父亲兴学安邦。他以文学教官的身份主持松洲书院，刚好可以达到引导民众渐变民俗的愿望。后来他的父亲战死，陈珦守丧后接替父职任漳州刺史十余年，"剪除顽梗，训诲士民，泽洽化行"。开元二十五年（737）他退休后直至逝世，"复寻松洲别业，聚徒教授"。松洲书院教学形式多样，有论说、开引等启发式教学，教学内容主要为儒家经典礼仪，收到"于风教多所裨益"的教学效果。

松洲书院为我国第一所教学功能较完备的书院，完成了从个人所有走向服务公众的转变，在书院发展史上具有里程碑式的意义。

（二）丽正集贤　全新机构

以"聚书—读书—聚众读书"的路径，民间衍生出书院这一新型士人组织，随后官府也于唐代中期，沿袭汉魏以来"聚藏群书""校理经籍"的秘书省之责，推出丽正、集贤书院这一全新的学术文化机构，这是有别于民间的书院的第二个源头。

秘书省的工作，不论是校勘典籍、编制目录，还是撰写国史，都离不开图书，为此形成了有名的藏书机构。到了唐代，中国进入空前繁荣强大的时期。据专记唐代官制的《唐六典》记载，当时文化发达，书籍增多，为了满足社会日益增长的文化需要，国家仍设秘书省主理图书、著作二事，并加大了对图书收藏、整理、校勘的工作。

开元五年（717），唐玄宗的大臣褚无量发现，内库旧书自唐高宗以来，一直藏在宫中，历时久远，逐渐丢失、损坏，于是奏请玄宗派专人誊写、勘校，以便重振发扬经籍之道。玄宗深以为是，随后，他下令在乾元殿前施架排次，并向天下采集异本，搜写勘校，此举颇有点抢救性修复的意思。经过数年努力，四部经籍充备完善。玄宗很高兴，将乾元殿更名为丽正书院，丽正书院正式成立。玄宗还命令褚无量于丽正书院继往开来，再续前功。

开元十三年（725）的一天，唐玄宗召集群臣赐宴于集仙殿，说："朕与卿等众贤才同宴于此，宜改集仙殿为集贤殿，改丽正书院为集贤书院。"还下了诏书。就这样，丽正书院更名为集贤书院，集天下贤才，以济于当世。宰相张说也依照圣意主持院事。玄宗此举并非临时起意，而是意味深长：集仙殿，有道家道教的痕迹；而集贤殿，则突出崇儒的意味。

自汉武帝后，独尊儒术成为历代统治者的基本国策，收藏、整理经籍是历代统治者尊孔崇儒的重要举措。唐玄宗创设丽正书院、集贤书院，表明了他继承和弘扬历史传统的想法。两所书院的成立可谓"站在巨人的肩膀上"。它们由汉魏以来的秘书监、文德殿、文林馆、麒麟阁等官府藏书机构发展而来，但职能较前代的藏书、校书机构有所扩展。当时，书院中设置了学士、直学士、侍读学士、修撰官等，分别掌管校勘经籍、征集遗书、辨明典章诸事务，最主要的任务是备皇帝垂询。因此，相较以前的藏书机构，书院新增了咨询、顾问、侍读、侍讲的职能。

唐玄宗酷爱读书，据《新唐书·百官志》"集贤殿书院注"载，唐玄宗"尝选耆儒，日一人侍读，以质史籍疑义"，意思是选择一些名家大儒，每天一人，陪自己读书，回答自己对历史典籍的疑问。比如，大学士侯行果就曾侍讲《周易》《老子》《庄子》。侍讲结束后，玄宗常赐酒宴，君臣赋诗唱和，其乐融融。《全唐诗》中收入了不少君臣酬和的诗作，可证此事。如有一首题为《集贤书院成，送张说上集贤学士，赐宴得珍字》的诗，表明了唐玄宗崇儒礼乐，革新制度文章的心愿：

广学开书院，崇儒引席珍。

集贤招衮职，论道命台臣。

礼乐沿今古，文章革旧新。

献酬尊俎列，宾主位班陈。

节变云初夏，时移气尚春。

所希光史册，千载仰兹晨。

张说的和诗《赴集贤院学士上赐宴应制得辉字》，则反映了侍讲的情景：

侍帝金华讲，千龄道固稀。

位将贤士设，书共学徒归。

首命深燕隗，通经浅汉韦。

列筵荣赐食，送客愧儒衣。

贺燕窥檐下，迁莺入殿飞。

欲知朝野庆，文教日光辉。

开元中，唐玄宗为了纪念张说等集贤书院十八学士的功绩，特别命人在含像亭中挂制他们的画像，并且为十八学士出了一本图文并茂的册子《开元十八学士图》，玄宗亲题画赞，根据学士各自特色，大加褒扬。比如，写过"乡音无改鬓毛衰"的知名诗人贺知章，他得到的"上榜词"是"礼乐之司，文章之苑。学优艺博，才高思远"。

有鉴于此，在唐代，丽正书院、集贤书院已经成为宫廷教育的组成部分，具备了特有的教育功能。可以说，中央政府完成了创制书院这一全新机构的工作。特别是搜集、收藏图书，理校经书史籍等功能，极大地启发了社会上一批士子利用藏书，在个人研读的基础上发展成授徒讲学的教育新思路。因此唐代官府创设的丽正书院、集贤书院，虽并非士子修习课业之所，但它对于书院发展产生了明显的诱发作用。

（三）五代书院　首获认可

书院获得官方正式认可是什么时候？是后唐。以史实记载为证。

公元 907 年，唐朝权臣朱温废唐哀帝自立梁政权，史称后梁，自此开启了长达半个多世纪的政权割据的五代十国时期。兵戈纷扰，民不聊生，风俗毁坏，学校废而礼义衰，士人也多彷徨无助，不少人选择退隐山林。据《新五代史·一行传》载："有洁身自负之士，嫉世远去而不可见者。"

士人隐居山林读书讲学成为唐末至五代的一种社会风尚，这客观上加速了书院教育在这一时期的发展壮大。钱穆先生在《五代时之书院》中曾有过充满诗意的评价，他说书院是"黑暗中的一线光明，潜德幽光，必大兴于后世"。

在当时，多数政权依然立有集贤（书）院，但因政权更替频繁，官府书院无力真正开展实质性工作，因此也无法统计具体规模和数量。相较而言，民间书院则作为不小，在五代十国期间（907—960），新建书院 12 所，兴复唐代书院 1 所。从北方幽燕之区，到南方珠江流域，主要集中在今江西、福建、广东、河南、北京地区。后来在宋朝名声大振、名列"天下四大书院"的嵩阳书院也起源于五代十国时期。

读过《三字经》，都会记得其中的"窦燕山，有义方。教五子，名俱扬"。这个在宋代作为典范人物被收录进《三字经》的窦燕山就是窦氏书院的创始人窦禹均。五子登科的他与"孟母三迁"中的孟母齐名，被后世传颂了千年。

窦氏书院位于今北京昌平县，为后周（951—960）谏议大夫窦禹均所建。因书院在古代燕山区域，窦禹均也被称为窦燕山。窦禹均精于词学，义行高笃。据范仲淹《窦谏议录》记载："义风家法，为一时标表。……于宅南构一书院，四十间，聚书数千卷。礼文行之儒，延置师席。凡四方孤寒之士贫无供须者，公咸为出之，无问识不识。

有志于学者，听其自至。"足见窦氏书院藏书丰富，规模不小，礼延师儒，窦氏子弟及远近求学之士皆得研习其中。而窦家五子仪、俨、侃、偁、僖，从小耳濡目染、博闻强识，相继考中进士，时称"燕山窦氏五龙"。榜样的力量是无穷的，"五子登科"本身就会产生巨大的感召力。后来，窦氏书院也相继出了很多人才，"凡四方之士，由公之门登贵显者，前后接踵"。在利人利己中，窦氏书院成绩斐然。此即钱穆先生所说的"潜德幽光"，挽斯文于不坠。

位于江西泰和的匡山书院是中国历史上第一个获得中央政府认可的民间书院。何以见得？标志是后唐第二代皇帝李嗣源为其颁赐院额，并发布敕书，大加表彰。敕书是这么说的："朕惟三代盛时，教化每由学校；六经散后，斯文尤托于士儒。故凡闾巷之书声，实振国家之治体。前端明殿学士罗韬……寻因养病，遂尔还乡。后学云从，馆起匡山之下；民风日益，俗成东鲁之区。朕既喜闻，可无嘉励，兹敕翰林学士赵凤大书'匡山书院'四字为匾额。"邓洪波先生在《中国书院史》中说，这是历史上第一个由皇帝发布的表彰书院的文告，意义非凡。首先，它标志着中央政府对民间书院的正式承认，书院从此具有了合法性。其次，政府对书院的认同，在于它有托斯文、裨风教，即能"振国家之治体"的学校功能，表明自唐代龙溪松洲书院开始的教学活动经过200余年的发展，已经得到了政府的肯定。

鉴于这是最高统治者对具有学校性质的书院的首次认可与支持，可以将其视作书院教育制度开始建立的重要标志。至此，书院正式走进大众视野，对文化传承、教育后人发挥出越来越重要的作用。

二、北宋书院　蓬勃发展

唐末五代十国时期，社会不宁，战乱不止，文教萧条。虽然每年的科举考试基本得以维持，少有中断，只是录取人数相比从前大为减少，这会影响读书人的科举之路。因此，读书人通过科举获得晋升很难，很多人隐居乡间田野。在此背景下，读书讲学，私学兴盛，书院得到较好发展。

公元960年，赵匡胤黄袍加身，建立起宋政权。北宋统一后，民生安定，文风日起。一方面，士子希望可以读书学习，国家建设也需要大批经世之才；另一方面，我们也要看到，当时百废待兴，国家财政匮乏，尚无力兴学。因此，民间书院补充了官学的欠缺。当时，宋政权用20年时间征服荆南、后蜀、南汉、南唐、吴越、北汉等割据政权，完成统一大业。但仍然危机四伏：西南大理、吐蕃各自为政，不来臣服，北方强辽压境，燕云十六州并未收复，西北大漠西夏崛起，于宋仁宗宝元元年（1038）建国。

为了巩固频繁受到威胁的政权，统治者专注于兵戈，无心社会教化。而连年用兵，又耗费了有限的财力，统治者更无力于文教。因此宋初80多年，大唐时期建立的州县乡党之学等一整套地方学校教育制度始终没有完全得到恢复，而中央也无从前大唐"二馆六学"的盛况（"二馆"指弘文馆、崇文馆，"六学"指国子学、太学、四门学、律学、书学、算学）。对于政府来讲，无处养士也不利于政权的维系与建设。

既然地方官办的学校没能建设起来，私学就有了用武之地。于是，包括书院在内的民间私学日益盛行，学者在山林闲适之地自建书院，聚徒讲学。淳熙四先生之一的袁燮在《四明教授厅续壁记》中形容，乡党之学"集一时俊秀相与讲学，涵养作成之功"。

宋初书院兴起，既能满足士子读书的心愿，也能在一定程度上帮

华林书院胡仲尧之墓

助政府解决教化民众的问题。面对民间和私人书院兴盛之势，官府因势利导、常加旌表，60余年间连续不断地通过赐田、赐额、赐书，以及召见山长、封官嘉奖、资助褒奖等一系列措施，对书院鼓励笼络、加以支持，推动了书院教育的发展。在这样的背景下，相继涌现出不少颇具影响力的书院，如江西庐山白鹿洞书院、湖南长沙岳麓书院、河南商丘应天府（又名睢阳、南京）书院，还有湖南衡阳石鼓书院、江苏金坛茅山书院等。这些书院成为当地很有影响力的文化教育中心。

宋太宗曾两次表彰华林书院。北宋文坛名家、大臣王禹偁在《诸朝贤寄题洪州义门胡氏华林书斋序》中记录了胡氏华林书院以广延学者而得到皇帝嘉奖和朝廷大臣盛赞，风光无限、名垂青史的过程："颁御书以光私第"，朝中王公大臣从旧相、司空而下30余人，皆作诗词"夸大其事"。淳化五年（994），太宗皇帝又一次表彰华林书院。

　　华林书院位于南昌奉新县，本为五代胡氏旧书院，宋初胡仲尧"力田岁取千箱稻，好事家藏万卷书"，进一步扩建书院，招揽四方有学之士，声名鹊起。这是最高统治者的第二次下诏表彰，第一次是九年前的那次下诏，旌表其族。逐渐，华林书院"声闻于天，风化于下"。华林书院在宋初颇有声名，中进士的一门有13人，有的官至高位，出任刺史、尚书、宰相。《奉新县志·甘竹胡氏十修家谱》有载，就连宋真宗也曾写诗赞曰："一门三刺史，四代五尚书。他族未闻有，朕今止见胡。"北宋大臣、文学家杨亿将华林书院与雷湖、东佳并列为江东三书院。这是宋初三所颇为有名的家族式书院。

　　民间兴学的同时，北宋政府也采取了因势利导的文教政策。一方面大力提倡科举，成倍地增加取士名额，试图网罗天下贤才；另一方面又大力支持书院发展，书院教育功能进一步强化。书院和科举结合

华林书院中宋真宗的赞语刻于墓围之上

是宋政权强化教育功能的最大表征。

民间书院因读书应试而扬名者不少。湖北江夏冯京、安州（安陆）郑獬二人，刻苦读书，双双高中状元。他们就读的笪竹书院功不可没。因此，湘阴县民邓咸所建的这所笪竹书院便成了科举圣地，而培养更多的状元也自然而然成为笪竹书院的自觉追求。可见，强化教学也就成了书院巩固提升自身地位的不二之法。

另一对状元兄弟是就读于黄氏书院的宋庠、宋祁。天圣二年（1024）两人同登进士，弟弟宋祁成绩排在第一。历史经典故事《狸猫换太子》主人公的原形、章献明肃皇后刘娥认为，长幼有序，弟排名不宜在兄前，因此，大笔一挥，就将宋庠定为状元及第，宋祁位列第十。后来，宋庠官至宰相，宋祁官至工部尚书，且两人皆有文名，时称"二宋"。这是黄氏书院的骄傲。

黄氏书院为江南大族的掌门人、北宋大文豪黄庭坚的曾祖父黄中理创建。书院建于宋太宗太平兴国年间，广聚图书达数万卷，建樱桃洞、芝台两个书院，由其长子黄茂宗主持。族中子弟读书其中，并广招四方之士，乐助其学，来此修习的人常达数十百人。黄茂宗为大中祥符八年（1015）进士，曾出任崇信军节度判官，相当于地方长官的僚属，辅理政事。不久他便辞官回家，专于家中二书院教学。

黄茂宗因其"才高笃行"，很受黄氏子弟及其他生徒崇敬。由于训导有方，其平辈兄弟中，有黄茂懿等10人皆登甲科，时誉"十龙及第"，世称"双井十龙"。就这样，培养了状元的书院与科举功名更加紧密地联系到一起，书院也声名日盛、流传久远，求学者纷至沓来，就如同现在的中学培养出高考状元声名鹊起一样。

官府视书院为养士之所，在这方面，应天府书院（也称南京书院）最为典型。院舍虽由士人捐建，但其成立却是奉诏行事，教学管理皆由朝廷命官主持。应天府书院办学期间，学生科考成名者无数，书院颇有成就感。写作千古名句"先天下之忧而忧，后天下之乐而乐"的范仲淹曾主掌书院教学两年，后来又主持庆历新政大兴官学，他在作《南京书院题名记》时，最津津乐道的也是科场题名。除了对"魁甲英雄"的赞美和对未来登科者的期许之外，范仲淹在这篇文章中还提出了教学目标和教学内容。他认为，书院办学目标，是以科举为通向廊庙之路，但无论身居何位，都应该心忧天下，道法古人。唯有如此，才能不负国家，不负师门。书院教学内容包括易经和文学两大部分，说明各有各的用处，也各有各的境界，要"聚学为海"，则可"九河我吞，百谷我尊"。

可见，在范仲淹的理想中，应天府书院就是"天下庠序"的样板工程。这是范仲淹在应天府书院两年多教学实践中构想出的一种理想教育模式，为他日后主持庆历兴学提供了改革的样本。

总之，宋初书院大多以其替代官学角色的身份，围绕着科举考试组织教学，强化了自唐代以来即有的教育功能。书院教育功能的强化还体现在讲学、藏书、祭祀、学田等四大规则的形成，书院内部结构日趋完备，形制走向成熟。这种被强化的教学功能，决定了招生授徒成为后世书院发展的主要方向。

三、官学兴起　书院衰微

北宋初期，书院与官学的关系可以总结为书院替代官学。然而，看起来轰轰烈烈的书院发展却因为后来的三次兴学运动，带来了80余年的沉寂，也让书院有了新的变化。

经过近百年的休养生息和百姓的辛勤劳作，北宋的农业、手工业、商业有了显著发展，社会经济再次繁荣。北宋统治者站稳了脚跟，也能腾出力量来进行文教建设，具备了恢复与发展官学系统的实力。于是从庆历四年（1044）开始到宋室南迁，80多年间三次兴办官学，改写了书院的格局与影响力。

"兴文教，抑武事"被宋初统治者确定为基本国策，采取的策略是强化科举制度，提倡"学而优则仕""万般皆下品，惟有读书高"，鼓励和支持民间或私人办学，让下层士人"朝为田舍郎，暮登天子堂"有了希望和机会。

宋真宗坐像轴（《历代帝后像轴》）
台北故宫博物院藏

人们耳熟能详的"书中自有黄金屋""书中自有颜如玉"就出自北宋第三个皇帝宋真宗的《劝学诗》，意为读书考取功名是当时人生的一条绝佳出路。全诗如下：

富家不用买良田，书中自有千钟粟。
安居不用架高堂，书中自有黄金屋。
出门莫恨无人随，书中车马多如簇。
娶妻莫恨无良媒，书中自有颜如玉。
男儿若遂平生志，六经勤向窗前读。

宋初，科举登第名额不断扩大。原因在于，君主们希望从科场中选拔出有治国能力的士人，争取他们的合作，在他们的支持下重建社会秩序。

宋初开宝元年（968）原只取进士8名，宋太祖赵匡胤见未及第者众多，决定让106人"并赐出身"，这下子登第者猛增十余倍。开宝六年（973）李昉负责科考，取宋淮等11人，赵匡胤嫌人数太少，亲自在讲武殿复试落第举人，取96人，为宋朝皇帝亲自殿试开了先河。随后，人数更为放开，宋太宗赵光义当了22年皇帝，共取进士4500人。

宋仁宗赵祯当政期间共计举行了13次考试，登第者达14000人，平均下来，每举在千人以上。

宋初科举及第者不仅人数大增，待遇也很优厚。朝廷取消了唐朝要经吏部再次考试方可授官的制度，改为礼部科举考试，及第后直接授官，进士及第者名利双收。可以想见，读书人趋之若鹜，埋头苦读，一心追求功名。

宋初强化科举的做法，充分调动起知识分子的积极性。一

宋太宗立像轴（《历代帝后像轴》） 台北故宫博物院藏

时间"全民皆学"成为社会风尚，虽然解决了用人之缺，但也突显出一些问题。诸如，因为取额过多过滥，让士人极为功利，读书只为科举，作弊流行，毒害风气，造成很多人"只应试，不读书"，缺乏真才实学。据《宋史》载，天圣二年（1024）宋仁宗下诏书，朝廷本来担心科举名额太少，读书人屡不中举，就增加名额，为士人多提供进身机会，但是未曾料想，却助长了苟且侥幸的恶习。

政府只择人，不培养，进而教育的责任就主要落到了书院身上。而每个书院生徒不过百余人，书院教学内容、教学目标、教学方法等随意性很大。国家对于人才的需求与人才培养场所和条件的不足产生了尖锐的矛盾。不少有识之士认为，若要走出困境，唯有加强官府办学。

随后的三次兴学运动，其实是兴办官学的运动。分别是宋仁宗时期由范仲淹主导的庆历兴学、宋神宗时期由王安石主导的熙丰兴学和宋徽宗时期由蔡京主导的崇宁兴学，标志性事件是三次教育政策大调整。

范仲淹发起的第一次兴学运动，是庆历新政的一部分。早年，他就对"不教而择人"的科举制度极为不满，曾多次上书要求改变这种"不务耕而求获"的弊端，但人微言轻，没有获得统治者认可。庆历三年（1043），他任参知政事（相当于副宰相），在《答手诏条陈十事疏》中提出的第三件事就是"精贡举"。次年三月，仁宗同意兴学。这次兴学有两个重点：一是改革国子监，重建州县乡学，建立从中央到地方的完整的学校教育系统；二是规定士子必须在学校学习三百日，才能参加科举，以读书做官为诱惑，确保了学校的权威性。

锐意新政变法的悲剧英雄王安石发起的第二次兴学运动，是变法的一部分。熙宁二年（1069）王安石以参知政事的身份实行变法，着手改革科举，兴办学校，创立了太学"三舍法"。他还通令各州、路、府设学官53员，将兴学运动推及全国各州、路、府，并且确定他亲手

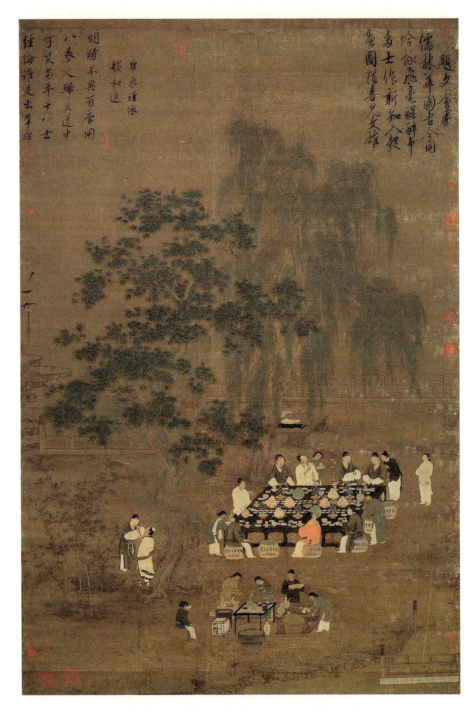

〔宋〕赵佶《文会图轴》　台北公共博物院藏

修订的《三经新义》为各级各类官学的必读教材。他还增设武学（讲习各家兵法）、律学（讲授法律律令）、医学（讲授医药病理）、蕃学（供少数民族和外国人子弟入学），以培养应用型人才。

熙宁四年（1071）王安石创立"三舍法"。"三舍法"如何实施？就是太学生增至1000人，分为外舍、内舍、上舍三等。初入太学者为外舍生，约700人，年终考试，成绩优良的升为内舍生；内舍生约200人，每两年进行考试，成绩优良者再升为上舍生；上舍生约100人，学行皆优即可直接授官。三舍进取替代了科举考试，进一步巩固了官学教育的地位。元丰二年（1079）"太学学令"140余条正式颁布，太学生增至2400余人。

随着王安石变法的失败，他的教育改革也失败了。自元祐至元符末（1086—1100），旧制一一恢复，兴学活动宣告破产。

《水浒传》中的大反派、历史上臭名昭著的"花石纲"事件的策划者蔡京发起了第三次兴学活动。蔡京虽贪腐至极，却在客观上推动了教育的发展。宋徽宗时代，崇宁元年（1102），蔡京下令全国兴学，增加州县学学生名额，设置各路提举学司，加强国家对官学教育的行政领导。他手段强硬，对地方官员实施奖惩制度，兴学有功者奖，兴学不利者罚。如建州蒲城县县学生员竟达千人，县丞徐秉哲因此受奖，官升一级。

这些举措将各级官府的注意力引向兴办官学。兴办官学者论功行赏，而热心私学和书院的不仅不能获得表彰，而且更有兴办官学不力的嫌疑。在此种风气的影响下，各级官府从此很少注意和支持私学和书院了。

兴学运动也引导了更多士子进入官学读书。那时候规定只有入官学才可以获得应举资格，获得晋升机会。这是关系到人生出路的大事，士子们自然不愿入山林书院自修，这成为书院长期沉寂的主要原因。

在兴学活动中，一批名家大儒先后被中央或州县官学聘任，主持掌教于各级官学，如胡瑗、周敦颐、程颢、程颐、张载等，扩大了官学的影响力，吸引了更多优秀生源。这些人不但在当时声名显赫，对后世也产生了很大影响力。

胡瑗是宋初的思想家和教育家，和孙复、石介并称"宋初三先生"，先后任教于苏州州学和湖州州学达20余年，并创立了闻名于世的"苏湖教法"。他提倡"以仁义礼乐为学"，讲求"明体达用"，开宋代理学之先声。他在校中设"经义""治事"两斋，经义斋学习研究经学基本理论，属于"明体"之学；治事斋则以学习农田、水利、军事、天文、历算等实际知识，属于"达用"之学。在治事斋中，学生专学一专业，又兼学一专业。胡瑗在世界教育史上较早（有研究者说是最早）创立了分科教学、学科的必修以及选修制度。仁宗于皇祐（1049—1054）末，召胡瑗入京成为国子监直讲，地方官学先进经验被引入了中央官学。胡瑗主持国子监后，四方学子云集。

周敦颐是宋朝儒家理学思想的开山鼻祖，他因《爱莲说》被世人熟知。程颢、程颐兄弟二人，世称"二程"，二人都曾受学于周敦颐，并同为宋明理学的奠基者，他们的学说也被称为"洛学"。张载开创了"关

张载半身像（《至圣先贤半身像册》）台北故宫博物院藏

学"，他留下的横渠四句——"为天地立心，为生民立命，为往圣继绝学，为万世开太平"，集中体现了知识分子的济世救民情怀，为世人所赞颂。

官学的普遍设立及其权威地位的确立，意味着此后很长一段时间，书院处于自生自灭、少人问津的境地，王祎在《游鹿洞记》一文中就说："书院至崇宁末乃尽废。"

三次兴学中，不少书院到了生死存亡的关口，甚至也包括名甲天下、位于天下书院之首的岳麓书院。绍圣四年（1097）朝廷发布了一个鼓铸令，要各地开鼓铸以兴冶炼之业。这时潭州州学早已重建招生。鼓铸令执行者大概以为书院为多余之物，便看中岳麓书院，提出将书院改建为鼓铸场。在这危急时刻，有个不起眼的小官朱辂，挺身而出，力挽狂澜。朱辂时任潭州湘阴县县尉，面对拿着圣旨的鼓铸令使者，他冒着抗旨的危险力保书院，直言"乡校不可毁"。就算使者将他团团围起，他也面不改色，可见其勇毅。受到此般精神鼓动，更多的人站出来维护书院。由于众人的据理力保，加之岳麓书院在当时确已声名显赫，朝廷最终放弃了在岳麓书院建鼓铸场的打算，书院幸免于难。

那时，很多大兴官学前办得颇有声名的书院，为求自保，"被招安"，变换了形象，成了官学。如衡阳石鼓书院、湘阴笙竹书院分别改为州学、县学。岳麓、湘西二院与潭州州学连为一体形成完备的教育体制"潭州三学"，后来发现，这是州学与书院很好的结合和衔接。所谓"三学"，是指潭州州学、湘西书院和岳麓书院三位一体，分成三个等级。学生通过考试，以积分高低逐级安排升舍。官办的州学学生考试成绩优良者可升入湘西书院，湘西书院学生考试成绩优良者方可到岳麓书院深造。可见，"三学"中，岳麓书院为最高学府。这种仿"三舍法"的潭州"三学"形式，其实就是元符（1098—1100）以后潭州推行"三舍法"的结果。

"潭州三学"的顺利推行，一方面反映了北宋后期书院的官学化倾向，正如宋人洪迈所说，"及庆历中，诏诸路、州、郡皆立学，设官教授，则所谓书院者尝合而为一"。另一方面也反映学校、书院有了等级之别，高一级的书院居于州学之上，而岳麓书院成为湖南的最高学府，相当于高等教育。

总之，自庆历兴学令下，各府、州、县皆设官学，名闻天下的几大著名书院或被停办、废弃，或被僧道占用，或被改为州府官学，几乎全军覆灭。失去了政府的支持，书院在北宋后期从数量看似乎还是有所发展，但规模和影响力远远不及宋初。

北宋后期书院更多的是满足士人不同的文化需求，如洞庭湖区青草湖中（今湖南岳阳县鹿角区）的石鼓书院是文人墨客把酒论诗，赏玩风景之处，这与衡阳石鼓书院招生授徒很不相同。北宋中后期，道学（即后世所谓的理学）兴起，古文运动的领袖们曾利用书院传播其学说，如范仲淹于康定二年（1041）任延州（今陕西延安）知州创建嘉岭书院；欧阳修于皇祐六年（1054），在颖州（今安徽阜阳）知州任上创建西湖书院；曾巩于嘉祐元年（1056）在他家乡临川创立兴鲁书院。可见，这一时期书院以满足古文运动者文化教育需求为特点。

在宋代，朝廷一旦有能力兴办教育，就会把教育纳入自己的体系，把书院摒弃在外。这也从一个方面说明，书院要生存和发展，离不开政府和社会的支持。

书院悠然
SHUYUAN YOURAN

书院兴盛显辉煌

　　南宋书院又有了大发展，原因在于当时官学式微、科举腐败激起义愤，人们把希望的眼光转向书院。南宋时期，书院日趋完备，在这个阶段，理学的学术文化思想成为书院教育的基本内容。最高统治者崇尚理学，理学又以书院为传播基地，两者得以共同发展。同时，南宋印刷业发达，带来刻书藏书便利，客观上促进了书院的兴盛之势。

　　在书院发展壮大的过程中，它往往与官学互为消长盈减。历代很多统治者对书院的支持也主要是因为政府资源有限、无力大规模兴办教育，在原有体制内的教育系统又不能满足人才培养需要的情况下，转而通过支持书院以弥补这一缺陷。

　　人们一般认为书院有三大功能：讲学、藏书、祭祀。事实上，宋代书院的功能远不止这三个方面，而是多层面的，休闲也是其中之一。我们可以将书院看作知识分子的公共空间，并逐步推动思想交流，完成从精英到大众的转变。

一、南宋书院　又遇勃兴

　　南朝寺庙多，有诗句"南朝四百八十寺，多少楼台烟雨中"为证，而南宋则是书院盛，"秀丽之处多书院"。

　　长江中下游、文化繁盛的江南名山大川秀丽处，处处是书院，有众多名师讲学，尤其是江西、湖南、浙江、福建等地，这些地方也是理学家的主要活动地区，所建书院众多。

南宋到底有多少所书院？

南宋偏安一隅，总共延续了150余年（1127—1279），从高宗、孝宗、光宗、宁宗、理宗、度宗、恭宗到端宗共八帝。据邓洪波先生《中国书院史》所记载，南宋有书院442所，是北宋的6倍。唐五代北宋500余年间，总共143所。另据教育史名家北师大教授王炳照先生《中国书院史话》所述，宋代共有书院700所，北宋书院据统计大概140所左右，占所有书院的20%，南宋新建书院大约500所，占总数70%左右。

虽然不同学者考证的具体数量有所不同，但有一点可以肯定：南宋书院呈现出一派生机，数量大增，葳蕤勃发。

就连同时期的金朝，在入主中原之后，也深受南宋的影响，动了兴建、兴复书院的念头。金朝是少数民族政权，控制着中原以及北方地区，受南宋书院盛行启发，也先后修复、创建书院10所。修复的2所书院，一所是河南应天府书院，另一所是河北元氏封龙书院，皆创建于北宋初年。尤其是闻名天下的应天府书院的修复，很有文化象征意义。这10所金代的书院，在北方维系了斯文不坠的文化意义，对往后元代书院的发展有"星火燎原"的积极意义。

南宋442所书院，分布在江苏、安徽、浙江、江西、福建、湖北、湖南、广东、广西、贵州、四川11个省区，总的说来，比北宋范围有所扩大，但各地并不平衡。江西犹如"发动引擎"，引领书院快速发展，尤其是与周边浙江、福建、湖南一起，形成了占书院总数74.43%的书院密集区。这有政治、学术、经济等诸多原因。如浙江省是首都临安所在地，有诸多政治资源可以利用，又是浙东学派的基地。赣、闽、湘三省学术氛围浓厚，大学者朱熹、陆九渊、吕祖谦、张栻等一批理学流派代表人物及其弟子居民间讲学，从游者众多。

南宋时期，哪一朝兴建书院最为积极？有据可考，理宗朝以 83 所名列第一，孝宗朝以 63 所名列第二。这两朝也是南宋书院发展的两个繁盛期，与两位君主对书院的支持分不开。总体上，南宋书院数量大增，规模扩大，制度完备，形式丰富，内容充实，特色鲜明，影响卓著。

书院有官民两源，书院的发展也取决于官府和民间力量的影响与制约。宋代书院大多是士大夫阶层和普通读书人创办，后来得到官府资助，皇帝赐额赐田赐书，促其发展，宋代书院，可以说很多书院是官私合办的，或者是私办官助的。

北师大王炳照教授在《中国书院史话》中认为："南宋书院数量多、规模大、地位高、影响广，差不多取代了官学，成为当时许多地区的主要教育机构。"南宋官学的衰落、科举制度的腐败是南宋书院勃兴的重要原因，理学的发展和成熟提供了文化学术思想土壤，印刷业的发达提供了物质条件。

（一）科举腐败　激起义愤

南宋定都后，宋高宗宣称"朕不惜百万之财以养士"，但百废待兴，国家财政十分困难，根本无法践行。当时，国家甚至连州县学的经费都难以保证。朱熹在《崇安县学田记》中就描述过因经费困难致使官学时作时辍，难以维持。

庆历年后，统治者曾把发展教育的希望放在官学上，北宋三次兴学也是振兴官学，但都失败了。所存的是学校形式，但实绩不佳。

南宋官学的衰落和科举制度的腐败互为因果，可以说，科举制度的腐败，也进一步加速了官学的衰落。很多能人志士对官学的批评多从抨击科举制度的弊端着眼。

《宋史·选举志》记载，绍熙三年（1192），时任吏部尚书赵汝愚在奏折中说，朝廷建太学，重科举，但发现学生以科考功利为目的，并不想好好读书，甚至看到老师犹如路人，"奔竞之风盛，而忠信之俗微""工雕篆之文，无进修之志""视庠序如传舍，目师儒如路人"，种种品行，令人担忧。

兵部侍郎虞俦上书朝廷，言辞更为激烈。《续文献通考》里对他奏章的内容有详细的记录，"近来，州郡之学，往往多就废坏"，不仅指学校设置衰败，更是指学校失去了立德育人的本意，生徒们"假衣冠以诳流俗"，不懂礼仪，失去斯文，以至于洁身自好者耻于入学校之门，而学校管理者不闻不问，自以为是不被重视的"冷官"而听之任之。最后，虞俦激愤地说，不如不用办学校了，"吏禄学粮，犹可省也"，即可以省下官员俸禄和学校学粮。

朱熹等儒者一开始也想振兴州县学校，后来发现积重难返，于是另辟蹊径。他们发现，与经费困难的官学相比，自筹经费、置田设学的书院有独特优势，况且书院重人文精神培育，有自由学术风气，所以便开始着力重建和创办书院。此举带动了一大批追随者和仿效者，一时成为风潮。

南宋的书院都标榜反对为科举而读书，勉励学子不要一心追求功名利禄，而要牢记古代圣贤之志，辨析义理，以修身心，推己及人，如颜回居陋巷不改其乐，专研圣贤经书，德业双修，道艺并进。

事实上，南宋学者创办书院讲学，绝非是出于隐逸超脱的想法，而是为了引导生徒热心读书，是希望造就有"德行道艺之实"的人才，以匡正天下，挽救世风世俗。

（二）书院理学　一体发展

南宋书院的勃兴与理学的产生和发展可以说是相辅相成的关系。一言以蔽之，是理学家们推动了书院的发展。对于宋代书院的发展，我们可以做这么一个区分：北宋是理学的奠基时期，北宋的书院也是开创时期；南宋是理学的成熟阶段，也是书院的完备时期。理学中以朱熹、陆九渊、吕祖谦、张栻等为代表的几大流派，与书院发展尤为密切。理学家们倾情于书院，整合学术成就，再造民族精神，将书院与学术推向前所未有的繁荣时期，开创了书院与学术一体化的传统。

理学的产生与发展是儒释道长期相互影响和融合的结果，因此不难理解，书院教育也广泛改造和吸收了佛道讲学的内容和形式。书院本来自民间，而庆历兴学后，官方基本退出书院建设。理学家谋求恢复官方对书院的支持。他们从复兴宋初"天下三书院"开始，反复强

石鼓书院山门

调先朝对书院的奖励，以期官方承认书院运动的正当性、合法性，并获得实际支持。

岳麓与石鼓书院只涉及地方政府，比较顺利。乾道元年（1165），潭州知州兼湖南安抚使刘珙动用地方财政力量，只用半年就完成重建工作，"大抵悉还旧规"，聘请张栻主讲，"并定养士额二十人"。而石鼓书院复兴从淳熙十二年（1185）开始，经历潘畴（一作畴）、宋若水两任长官主持，第二年完工，书院得官田2240余亩。

除此之外，理学家们还尝试着推动另一种官方教育模式。他们从批评官学只重科举入手，建立官方书院，使之与州县官学并存，并修正其过分沉迷科举的问题。

兴复白鹿洞书院后，朱熹为即将奔赴临安赶考的举人，办起了"培训班"。他发布的《招举人入院状》，明确表达了之所以在书院举办"举人培训班"，是想利用集训机会，宣讲理学家修身养性的观念，匡正世俗的科举观念，以此明了国家取士与士为学待用的意义。朱熹想用书院影响官学教育的心迹十分了然。

淳熙十四年（1187），朱熹为石鼓书院作记时，情况有了改变。那时候皇帝、朝廷已支持书院多年，朱熹对书院定位提出了新的要求，"以俟四方有志于学，而不屑于科试之业者居之"。也就是说，理学家们认为，官方书院和州县学同属于国家教育系统，而书院是补救官学之不足，为有志于学而不想进行科举考试的人们提供研修之地。因此，书院不以科举为目的，而以讲学为重点，他们希望以理学思想化解书院生徒的利禄之心。

可以说当时书院几乎取代了官学而成为主要教育场所，以南宋著名的四大书院（即白鹿洞书院、岳麓书院、丽泽书院和象山书院）为代表。逐渐，理学发展也更加成熟，学派林立。各派学术大师为了讲论、传授自己的学术主张，积极创设书院，因此南宋书院得到很大发展，形成了以朱熹为代表的闽学（又名考亭学）、以张栻为代表的湖湘学、吕祖谦为代表的婺学、以陆九渊为代表的心学、以陈亮为代表的永康之学、以叶适为代表的永嘉之学等学术流派。

书院与理学讲学互为表里。理学大师在书院讲学，吸引了大批学子慕名来学，造就书院空前勃兴之势。

（三）技术"风口" 提供机遇

人们用"在风口上，猪也能飞起来"调侃抓住时代机遇的人。

事实上，每个时代的发展，背后都有技术的"风口"。蒸汽机的发明推动了第一次工业革命，人类社会进入蒸汽时代；发电机和其他电力技术发明的出现，推动第二次工业革命，让人们进入电气时代；以互联网为代表的信息技术的发展，带人类进入到信息时代。

那么南宋书院发展有技术的"风口"吗？答案是：南宋印刷业的发达。英国著名学者李约瑟对中国在宋代时期的科学技术水平评价很高，认为宋代是中国自然科学的黄金时代。确实，两宋是一个极富创造力的时代，不仅处于中国古代科学技术发展史的高峰，而且无疑居于当时世界的最前列。两宋时代在科学技术方面所取得的成就之大、之高，无出其右、世所罕见，其中印刷业在南宋有了新的进步，对书院的助推效应不可小觑。

为什么这么说呢？以前藏书少，教师教书，大半依赖口口相传。有了藏书，学生才可以自我研读。书院以藏书丰富为特征，丰富的藏书吸引学子前来。现在很多校长有种向往，就是"学校办在图书馆"，某种意义上说，书院就是这样的理想状态。学子在书院自学读书，自由论辩，质疑释难，听师长纵论古今，相互讨论精进。

印刷术的发明，印刷条件的改善，是书籍传播、书院发展的重要条件。中国的印刷术世界闻名，南宋又有了新的发展，大大提高了刊印图书的效率和质量。再后来，中国古代四大发明之一的活字印刷术出现了，让书院的发展跃上新的台阶。渐渐地，除了官方的印书机构，也出现了私人书坊，为私人刻书藏书提供了方便。这些有利条件都为书院开创刊印图书的历史提供了现实基础。

直到今天，我们看到图书馆藏书中的善本书、珍本书，有一大部分是"书院本"。如婺源丽泽书院重刻司马光《切韵指掌图》2卷，建安书院刻《朱文公文集》100卷、《续集》10卷、《别集》11卷，等等。

图书的大量刊印，既有利于图书收藏，也为书院的发展提供了有利条件。尤其是刊印的书院理学名家作品，有助于书院开展教学和研究工作，提振学术传播的力度。道以书传，院因学盛，书院和学派结合，书院与学术共繁荣。而书院刻书业的发展，不仅扩大了书院影响、提高了书院的社会地位，也解决了书院办学的部分经费，这对书院的勃兴起了重要作用。

书院在南宋迎来了发展的黄金期。其根源，既有社会环境的推动，又有文人群体的不懈努力与锐意开拓。在两股力量的共同作用下，南宋书院呈现出辉煌发展的局面。南宋书院的发展与壮大对我们当下的教育也有着重要的启示，其中一点便是：必须保证教育的适度优先发展，适度扩大学校办学自主权，真正实现教育家办学。

二、庆元党禁　书院劫难

庆元党禁，本质上说是一个政治事件，阻断了书院蓬勃发展的态势。然而，这场磨难也让理学和书院在发展低潮中反而深度融合、形同一体，并最终促使书院有了大发展。这是怎么一回事呢？

（一）庆元党禁　人人自危

庆元党禁，也称伪学逆党之禁，指的是南宋宁宗庆元年间韩侂胄打击政敌的政治事件，对书院发展影响巨大。书院遭受了很多打压，一些书院的主持人不再讲学，不少门生望而生畏，离开了书院。很多士人努力与理学撇开关系。显而易见，政治事件影响了学术风气。

庆元党禁的直接起因是韩侂胄与赵汝愚之间的权利斗争。绍熙五年（1194），太上皇宋孝宗逝世，宋光宗因病不能主持葬礼。宗室成员、知枢密院事赵汝愚就联合外戚韩侂胄、同为宗室的赵彦逾等人趁机发动宫廷政变，以太皇太后吴氏的名义，迫使"患病"的宋光宗退位为太上皇，拥戴皇子赵扩即位，即宋宁宗。这次宫廷政变发生在绍熙末年，故被称为"绍熙内禅"。

宋光宗坐像轴（《历代帝后像轴》）　台北故宫博物院藏

宋宁宗坐像轴（《历代帝后像轴》）　台北故宫博物院藏

宁宗赵扩即位后，宗室赵汝愚因参与拥立有功升为右相，韩侂胄希望论功行赏，封自己为节度使，却遭到了赵汝愚的反对，仅当上了枢密都承旨。节度使是从二品，枢密都承旨只是从五品，韩侂胄觉得没有得到该得的，与赵汝愚嫌隙日深。

赵汝愚尊崇理学（当时称为道学），他执政后的第一件大事，就是引荐一大批道学家入朝为官，如朱熹、陈傅良、彭龟年、黄裳、黄度、罗点等等。赵汝愚早年和朱熹交往甚密，他把朱熹从湖南召到临安，任焕章阁待制兼侍讲，即所谓的"帝王师"，试图向皇帝灌输道学思想，把宋宁宗塑造成道学人士心中的明君。

在绍熙内禅后，以赵汝愚为政治领袖、以朱熹为精神领袖的"道学派"已经形成。与此同时，韩侂胄逐渐取得宋宁宗的信任，与赵汝愚展开权力争夺。因为当时在朝廷中道学派势力"如日中天"，有些不认同道学派的人客观上就倒向了韩侂胄，形成了两大势力集团。

朱熹多次建议赵汝愚警惕韩侂胄，希望把韩侂胄排挤出朝廷，还屡次利用自己担任"帝王师"的身份，向宋宁宗大吹耳边风，说韩侂胄是奸邪小人，甚至公开上书弹劾韩侂胄，惹得韩侂胄大怒。年轻的宋宁宗也受不了朱熹总是摆着老师的架子教训自己，忍无可忍，把朱熹罢免出朝。

这段"帝王师"的经历，是朱熹政治上最辉煌的成就，总计46天。朱熹想把皇帝教育成真正的明君，自己却不小心成为赵汝愚、韩侂胄争夺权力的牺牲品。

庆元元年（1195）二月，韩侂胄指使谏官上书宁宗赵扩，说赵汝愚以宗室居相位不利于社稷，赵扩就贬赵汝愚至永州（今属湖南），不久，赵汝愚暴卒于任上。赵汝愚死后，朱熹成为韩侂胄进一步攻击的对象。在罢黜赵汝愚和朱熹时，有一批官员挺身而出为他们辩护，都被罢官远贬。后来，这些人被以"道学"的罪名打成了"逆党"。

韩侂胄当政后，凡与他意见不合者都被称为"道学之人"，后又进一步称道学为"伪学"，并且禁毁理学家的《语录》诸书。在科举考试中，稍涉义理之学者，一律不予录取。六经及《论语》《孟子》《中庸》《大学》之书都被列为禁书。后来连官僚荐举、进士进阶也都必须在有关文牍前填上"如是伪学，甘受朝典"的套话，即表明自己不是"伪学"者，才能做官、升迁。

不久赵扩下诏，公布伪学逆党籍，共59人在列。受处罚的这些人并非都是道学家，他们的共同点是都曾经直接或者间接触怒过韩侂胄及其党羽。

庆元二年（1196），据黄榦《朱先生行状》记载，朱熹在竹林精舍讲学，有人劝朱熹遣散生徒，朱熹"笑而不答"，面对压力，他淡定坚持。庆元四年（1198），浙江东阳，几个"逆党头目"朱熹、叶适、楼钥及追随者聚会，为石门书院作记，倡导"性命之学"，颇有勇气。

庆元党禁让朱熹对仕途险恶、人情冷暖有了深切的体会。庆元六年（1200）春，朱熹在福建建阳去世，尽管党禁严酷，但是学生都来奔丧，一些路远的弟子则私相祭吊。丧礼定在当年冬季，韩侂胄担心丧礼变为"逆党"的一次事变，百般阻挠。同年秋天，布衣吕祖泰击鼓上书宁宗，请斩韩侂胄，后被流放拘管。有人提醒韩侂胄："再不开党禁，将来不免有报复之祸。"韩侂胄颇有触动，对人说："这批人难道可以没有吃饭的地方吗？"

背后的道理可能是这样：实行"庆元党禁"是韩侂胄打击异己、对付赵汝愚一党的政治手段，目的一旦达到了，就没必要持续进行。嘉泰二年（1202），谏官上奏宁宗说："真伪已别，人心归正。"韩侂胄便正式建议宁宗废弃伪学之禁。随后，以赵汝愚平反为标志，党禁全面解封。刘光祖、陈傅良等一大批曾被列入"伪学逆党"的健在者都复了官、正了名。

从公元1195年开始的禁伪学前后历时6年之久，史称"庆元党禁"。由此可见，"庆元党禁"本质上是政治斗争、权力斗争。在庆元党禁中，受害的不仅是朱熹，甚至不仅是道学一个学派。庆元党禁的发动者，不论学派主张，把当时学术界各派的主要人物都一网打尽，士人普遍受害，使得人人自危。庆元党禁的发动者，对政敌所主张的道德规范、价值观念，借政治力量予以彻底声讨与扫荡。而这些恰恰正是士大夫一直以来借以安身立命的东西。因此，一切是非都颠倒了，士风、政风在庆元党禁前后有明显的变化。

乾道、淳熙年间的那种学派林立、百家争鸣、学术繁荣的局面一去不复返。因此，有人说，庆元党禁是中国历史上知识分子遭受的一场浩劫。

从另一个角度看，正是外界的磨难和威胁，让理学和书院联结得更紧密。那时的朱熹肯定没想到，后来以他为代表的理学（道学），迎合了后世中国帝王的统治需要，成为显学，但是也一定程度上禁锢了人们的思想，使中国落后于世界文明和科技发展的脚步。

（二）程朱理学　迎来"圣化"

党禁既开，作为理学家大本营的书院又受到了统治者的重视。宁宗在嘉定年间为福建建阳云庄书院、江西南昌东湖书院赐额，可以视为南宋书院告别苦难的标志。自此，理学和书院一起走上了发展的"快车道"。仅嘉定年间创建的书院就有23所之多。而理宗、度宗时期，官民两股力量更是把理学与书院推向了繁荣。

事实上，道学迎来咸鱼翻身的逆袭好时机，还与史弥远专权关系极大。对史弥远来说，理学成了他挽救形象的政治工具。当时，韩侂胄发动开禧北伐失败，声望锐减，时任礼部侍郎的史弥远发动宫廷政变，杀害韩侂胄，并取而代之，操控了朝廷大权。

史弥远画像　鄞州区档案馆藏

史弥远是全然的投降派，竟然应金人要求，把韩侂胄的人头割下送给对方示好，和金国签订丧权辱国的"嘉定和议"，还恢复了秦桧的"申王"爵位和"忠献"谥号。其行为引发朝野强烈不满，因此他遭到主战派人士刺杀。

理学人士朱熹的弟子刘爚是史弥远的首席智囊，他为史弥远改善形象出谋划策，建议广泛荐引理学人士为官，并大力倡导理学，提高理学宗师朱熹的地位，博取理学人士的好感。史弥远全盘采纳了刘爚的建议，启用一大批理学人士为官，并刊印朱熹的《四书章句集注》在全国颁行。因此，史弥远"人设运作"大为成功。

在古代，赐谥号是只有达到一定级别的官员才能得到的荣誉，朱熹并不具备授予谥号的资格，所以去世时并没有谥号，但在嘉定二年（1209），宋廷破例为已经去世多年的朱熹赐谥号"文"，一时掀起推崇朱熹的风潮。这件事背后的推手就是史弥远。

嘉定十七年（1224），宋宁宗病重，史弥远伪造遗诏，将对自己不满的皇子赵竑废为济王，将自己培养多年的赵昀立为皇子，也就是后来的宋理宗。

程朱理学终成正果，获得官方正统思想的地位，是在理宗时期。其标志是理宗特赠朱熹为太师，追封朱熹为信国公，后改为徽国公。朱熹的《四书章句集注》成为太学教材。理宗还给北宋时便已去世的理学家周敦颐、程颢、程颐、张载四人，分别赐给"元、纯、正、明"

的美谥，和朱熹一同被尊为儒学嫡传正宗，一起入祀孔庙。这五人史称"宋五子"，实际上是理学道统。一时间，理学人士无不欢欣鼓舞。

宋理宗为史弥远拥立，只能听从史弥远。直到绍定六年（1233）十月，史弥远病逝后，宋理宗才得以亲政，他改年号为"端平"，在吏治、财政、用人等方面实施了一系列改革措施，努力营造出一番皇帝亲政的新气象，史称"端平更化"。

宋理宗亲政后，不断摆脱史弥远的影响，但他仍然坚持推崇理学的基本国策。他重用真德秀、魏了翁，两人分别被任命为参知政事和签书枢密院事的高官，还任用了20多名理学名士，使得理学家充斥朝廷。但真德秀、魏了翁两人缺乏治国理政之才，只会空谈心性，没干什么实事，不到一年便一死一退。事实上，宋理宗召用真德秀、魏了翁，主要是为了借助两人的影响力表现自己任用贤能的态度，更多的

宋理宗坐像轴（《历代帝后像轴》 台北故宫博物院藏

是象征意义。

宋理宗在位 40 年，是南宋在位时间最长的皇帝。他让程朱理学一跃成为官方正统思想，开启了对中国思想界的统治地位，后来的元、明、清三代，程朱理学一直被统治阶级奉为官方正统，成为维护其统治秩序的精神支柱。理宗对书院一直采取支持的政策，在位 40 年，"或赐田、或赐额，或赐御书，间有设官者"。在《续文献通考》一书中记录了理宗支持的书院有 20 所。如果按照地方志所载统计，数量就更多了。

而度宗在位 10 年，对书院也赐额赐书，很支持。宋王柏《上蔡书院讲义》载，时人谓："圣天子尊崇道统，表章正传，学校之外，书院几遍天下，何其盛哉！"

民间也热情高涨，建设书院，传授理学，在南宋后期，成为社会文化主流。书院和理学的一体化也演变成建书院、立祠堂、辑语录、注"四书"这样比较固定的行为模式。而官员，也把促进书院发展作为自己的政绩工程，激发了读书人进入书院读书修身的心愿，客观上促进了书院的兴盛与繁荣。

三、宋代君主　支持书院

如果你穿越到淳熙八年（1181）十一月的某一天，会发现孝宗皇帝在延和殿会见一个书生。书生的表情很倔强，那是朱熹，他正当面向皇帝要求为白鹿洞书院赐书赐额。

这不是他第一次为白鹿洞书院要求赐书赐额。精诚所至，金石为开。这一次，孝宗皇帝终于同意了朱熹的请求。破除百余年坚冰，朱熹终于让朝廷又回到为书院赐书赐额以示支持的道路上来。

在北宋，君主为书院赐额很普遍，但南宋，书院赐额一直被君主忽视，一直到朱熹为白鹿洞书院请赐，才又让皇帝的支持回来了。从此，书院又获得了朝廷、地方官员以及民间力量的共同支持，开创了官民共同推进书院发展的新阶段，迎来南宋书院发展的第一个高潮。

为什么朱熹一定要坚持书院必须获得君主的认可？

宋孝宗坐像轴（《历代帝后像轴》）　台北故宫博物院藏

（一）历代君主如何支持

在传统社会结构中，君主处于权力金字塔的顶端，拥有支配一切的权力。君主的好恶、支持抑或压制的态度往往决定着书院的生死存亡。在某种意义上可以说，书院的发展是以历代君主的支持为前提条件的。

据王炳照先生《中国书院史话》中的数据，宋代共有书院700所，建于北宋的书院大概140所左右，占总数的20%；除去年代不可考的，南宋新建书院大约 500 所，占总数 70% 左右，其中建于理宗朝的占 50%，近 300 所。这很让人诧异，是什么原因促使理宗朝书院如此发展？

书院蓬勃的发展态势，离不开宋理宗的推动。南宋时期，理宗对书院赐额甚多，这与他对儒学的推崇、认同相关。理学从民间学说上升为官方学术，与理宗对理学的竭力推崇是分不开的。宋理宗认为理学"有补于治道"，特别认同理学所宣扬的"修身治国平天下"。他读朱熹《四书章句集注》等著作，恨不得能与他当面切磋，自称"读之不释手，恨不与之同时尔"，仰慕之情昭然。宝庆三年（1227），他下诏书赠朱熹为"太师"，追封"信国公"，后又改封"徽国公"。

理宗绍定末年，秘书郎李心传请求把司马光、周敦颐、邵雍、张载、程颢、程颐、朱熹七人列入文庙中一同祭祀，没有得到答复。淳祐元年（1241）正月，理宗视察太学，亲自写诏书对理学家予以表彰，周敦颐、张载、程颢、程颐、朱熹配享孔庙。这见于《续资治通鉴》的记载。

理宗屡次对各地书院赐额以及亲自书写朱熹《白鹿洞书院揭示》给太学，以之作为天下学校、书院共同遵行的准则等举措，在理学与书院高度结合的情境之下，实际上也表明了将理学作为治国指导思想的态度。

追溯到南宋初年，宋高宗用亲自抄写经典的方法支持书院。杭州孔庙自南宋绍兴元年（1131）至清代，一直是杭州府学所在地。内有碑林，荟萃了 500 多件石刻，都是五代到清代期间的名家手迹。数量最多且极珍贵的是 850 年前的"南宋太学石经"。此碑由宋高宗赵构及皇后吴氏用楷书写成，是全国现存众多石经中唯一由皇帝御笔亲书的石经，现残存 86 块。石经原立于南宋仁和县学，明代正德十三年（1518）连同宋高宗御题圣贤图赞画像刻石、宋理宗道统十三赞等南宋古物一并移入杭州府学。1961 年，"南宋石经"被浙江省人民政府公布为第一批省级重点文物保护单位。

南宋太学刊刻宋高宗御书石经，有学人认为是秦桧阿谀献谄的一个伎俩，但客观上却促进了书院的发展。"崇文抑武"是宋朝各代皇帝的基本国策。绍兴十二年（1142）宋金达成"绍兴和议"，战乱终于平息，正是宋高宗确立新政权、重建传统儒家文化思想主流的好时机。他曾在《临安府太学序赞》中写道："朕自睦邻息兵，首开学校。

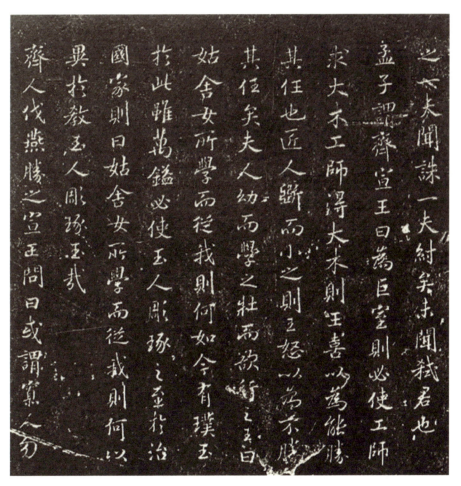

南宋石经拓本（局部）　浙江省博物馆藏

教养多士，以遂忠良。"秦桧刊刻石经的奏议正中宋高宗赵构下怀：一是体知皇家对儒家经典的推崇，提振学习效仿的决心，二是让天下学子观瞻天子书法之妙意。南宋太学御书石经这一重大文化工程，对于宋明理学的后续发展，产生了积极的影响。赵构精于书法，善楷、行、草书，笔法洒脱婉丽，自然流畅，有晋人神韵。其书法影响或左右了南宋书坛，后人常效法。宋孝宗赵昚（1127—1194）也擅长书画，但一旦和父皇宋高宗赵构相比，便显得非常谦虚，"太上字画盖出天纵，冠绝古今"。"南宋太学石经"可谓是赵构书法艺术的代表之作，具有极高的艺术审美价值，可以说是融政治性、思想性、文化性和艺术性于一体的集大成之作。

宋代许多君主十分重视书院，并通过各种方式予以支持，对书院发展产生了巨大的推动作用。这种作用已远远超过了具体的赐田、赐书、赐额、嘉奖的层面而表现为社会导向作用。而这种导向作用又可能被无限地放大，产生难以估量的社会效应。历代书院的发展，不管是数量的增加、社会地位的提高、社会影响的扩大，还是地域的广布、制度的完善，都与此密切相关。

（二）时局流变　为何支持

事实上，君主愿意支持书院发展，有其自身的考虑。主要为三点：一是作为补充，弥补官学的缺项，满足人才培养需求；二是彰显对儒学的尊崇与向慕；三是通过支持书院，改造、钳制书院。

宋初终结了五代十国的动荡局势，但是面对多年来的断壁残垣、民生凋敝，君主们亟须有所作为、重振河山。因此，人才的重要性呼之欲出。一方面，朝廷需要大量有知识、有能力的人才充实官僚队伍，完成"君臣共治天下"的事业；另一方面又实在无力负担如此巨大的培养人才的费用。正逢其时，书院成了可供君主们选择的一种方式。

书院处于官学体制之外，在吸纳民间力量方面显示出极强的灵活性、独特性，让君主看到了解决人才需求与培养之间矛盾的希望。为此，朝廷通过种种方式，力图将书院纳入国家人才培养系统，为其所用、为其效力。据多种史料记载，宋初诸帝曾多次为书院赐额、赐书、赐学田。让我们一起来看看那些具有代表性的赏赐。

宋太宗时期，977 年，赐白鹿洞书院以国子监印本《九经》；996 年，赐河南太室书院院额及印本《九经疏》。

宋真宗时期，1001 年，赐各地学校、书院印本《九经》；1009 年，诏改应天书院为应天府书院并赐额；1010 年，赐太室书院《九经》；1015 年，召见岳麓书院山长周式，赐"岳麓书院"额。

宋仁宗时期，1025 年，赐田江宁府茅山书院，又诏免应天府书院地基税钱；1035 年，重修太室书院，并赐名嵩阳书院，赐田 1 顷；同年，又赐应天府书院学田 40 顷……

这些惠而不费的举动，用现在的话来说，类似"挂名"。湖南大学岳麓书院肖永明教授认为，朝廷以政治象征物及少量有限的经济支持表明政府的意愿与导向，从而使体制外的书院在国家人才培养过程中发挥更大作用，成为输送人才的重要基地。实际上，不仅仅是宋初诸帝如此，之后历代帝王对书院的支持都有类似的考虑。

宋初诸帝对书院的重视与支持，除了有利用书院作为人才培养基地的考虑，也有通过支持书院以表明对儒学的尊崇认同、示以导向的意味。向书院赐额、赐书、赐田等表示重视与支持均是出于政治考量，是一种政治运作的技巧与策略。

自西汉"罢黜百家，独尊儒术"以来，儒家就成为正统的官方意识形态。历代统治者往往将尊崇儒术、倡导儒学作为基本国策。而书院作为倡扬儒学的重要基地和实施儒学教育与进行社会教化的重要场所，得到最高统治者的支持自然在情理之中。不仅如此，按照"建国

宋仁宗坐像轴（《历代帝后像轴》）　台北故宫博物院藏

君民，教学为先"的传统观念，教育民众、培育人才被视为"建国君民"的一部分甚至是前提条件。南宋学者王应麟在《宋朝四书院》中认为，正是由于宋初诸帝"尊右儒术"，才对书院恩宠有加，"分之官书，命之禄秩，锡之扁榜"。

　　书院有其自身深厚的文化和民众基础，历代书院在频繁强烈的打压之下，表现出屡废屡兴的顽强生命力。如果对书院一味施以高压，抑其发展，就会激发矛盾，并非完美之计。反之，柔化的手段有其独特的效果。朝廷通过支持书院而将书院发展导入自己所希望的轨道，不失为一种颇具可行性的策略。所以，改造、控制书院，也是历代不少帝王支持书院的重要目的。他们通过种种方式对书院产生影响甚至通过委派管理人员介入书院内部事物，从而影响书院的发展甚至改变书院的性质，最终将书院纳入官方的意识形态控制网络之中。这在元明清时期更为凸显。

帝王对书院的重视与支持，为书院提供了经济基础和良好的社会环境，促进了书院发展。但是，也使书院越来越丧失自主性和独立性，日益被改造成为专制王权所控制的工具。如至天圣五年（1027），应天府书院学田数已增至 1800 亩，其中由中央政府颁赐和地方政府划拨的就有 1000 余亩，占了半数以上。经济上被控制了，当然只能受其驱使了。

四、地方官员　跟风助推

各级地方官员是地方政令的制订者、地方社会事务的管理者、地方资源的支配者，他们对待书院的态度与书院发展关系很大。历代许多官员在不同程度上，以不同的方式对书院给予了支持。

可以说，历代各地方官员对书院的倡导、支持，是推进书院发展的重要动力。我们所能想到的涉及书院生活的方方面面，比如书院的经费、规制的完善、书院的声誉与影响力等等，都与地方官员的支持有关。

（一）创建修复　主导推动

在书院发展史上，许多书院的创建、修复工作是由当地官员承担的。官员以自己的影响力以及对地方公共资源的调配权力，进行书院创建、修复等工作，对书院的发展起到了巨大的推动、促进作用。

白鹿洞书院修复时，地方财力并不丰厚，但时任南康知军的朱熹仍然从有限的政府财政中拨付款项，甚至还为此招致一些非议。南宋淳熙八年（1181），朱熹离任，还给继任留下钱30万，用于兴建白鹿洞书院的礼圣殿和两侧的屋舍。

史料显示，岳麓书院从北宋初创建到清末改制900多年，其间经过了几十次修复、扩建，每一次都由各地方官员主持、参与。而白鹿洞书院自宋初建立后，经历兴废，而主持修复、重建、扩建这项工作的，也基本上是地方政府官员。不仅岳麓、白鹿洞等著名的书院如此，许多偏处一方的普通书院也是这样。据广东《海阳县志》记载，南宋淳祐年间，海阳的韩山书院由使君郑良臣创建，此后历经元、明、清各代，先后有重大的修葺、重建等20余次，无一不是由地方政府官员主持动工的。

书院虽然起源于民间，但在书院发展过程中，来自官方的力量逐渐占据了主导地位。这固然与来自中央政府的政策导向有关，但与地方官员在书院创建、修复问题上的积极态度也是分不开的。

（二）多措并举　保障运转

要保证书院的正常运转，离不开经费支持，各级官员们往往给书院拨置田地、钱款、书籍等。其中主要是学田。据王禹偁在《潭州岳麓山书院记》中所写，岳麓书院承蒙北宋咸平年间潭州太守李允则关照，

石鼓书院一景

他在扩建岳麓书院的时候专门"请辟水田，供春秋之释奠"。又如白鹿洞书院，也受到了历朝地方官员的支持，根据毛德琦所著《白鹿书院志》所记：南宋淳熙十年（1183）南康知军朱端章，将浮屠没入田700亩拨归白鹿洞，建书院庄田；嘉定十四年（1221），南康知军黄桂重建白鹿洞书院礼圣殿，置西源庄田300亩。衡阳石鼓书院也是"宠儿"，据廖行之《石鼓书院田记》，宋淳熙十三年（1186），提点刑狱宋若水将"籍在官闲田""习佃常平田"约2240亩拨赠衡阳石鼓书院，使书院"始有田养士"。据《衡州府志》，后来宋代曾任提学的黄榦，也曾以公帑为石鼓书院购田350亩。

我们看到，宋代的书院获得地方官府经济支持的情况相当普遍。宋代以后，也是如此吗？是的，此举延续了下去，尤以元代与清代最为突出。表象之下，深层次的原因是这两个朝代书院官学化的程度最为明显，官办书院已成为书院的主流，因此管理书院、为书院提供经济上的支持与保障也就成为地方官员的职责之一。比如，拨荒田、拨公款给书院已成为制度性、经常化的举措。

各级地方官员不仅以官府名义从经济上支持书院，而且往往以个人捐赠的方式对书院予以支持。有的捐赠银两，有的捐赠田地，也有的捐赠书籍。宋嘉定七至八年（1214—1215），时为江东转运副使的真德秀参与兴建建康府明道书院，捐钱捐米以助之。南宋淳熙七年（1180），朱熹主持修复白鹿洞书院后，又将他为人作传而受赠的《汉书》转赠书院供学者阅读，他在《跋白鹿洞所藏〈汉书〉》一文中特意提及。

事实上，官员捐助书院有着丰富的政治和文化意义，其象征意义大于捐助数额。在当时"官本位"的格局下，官员的影响力和号召力是巨大的，也往往由于官员的倡导，带来士绅的捐助，事半功倍、成效显著。毫无疑问，官员的积极参与能显著调动社会资本和社会阶层参与书院建设。

（三）扩大影响　请额请功

要扩大书院影响，最好的方法便是请求皇帝赐额赐书，这也成了地方官员支持书院的重要工作。而这往往需要几任官员的接续努力。

清湘书院原名柳山书院，位于广西清湘（今属全州县）。遗址如今已不可寻。宋宝庆元年（1225）经郡守程榆奏请，南宋皇帝宋理宗赵昀赐额"清湘书院"。为了这块赐额，前后4任官员接力，讲好了北宋全州太守柳开创办学堂的故事，终于打动了最高统治者。

宋端拱元年（988），文学家柳开任全州太守，因招抚西延（今属资源县，原属全州辖地）瑶民粟氏有功，太宗赐钱30万缗（每缗一千文）。柳开用这些钱在北山建讲堂，讲学其中，训导士人。讲堂建成一年，就出了全州历史上第一个进士许侍问。后来柳开调离全州，百姓感念其功，立柳侯祠，改北山为柳山。宋人程珌在《赐名清湘书院记》中记载了几任官员为清湘书院苦苦请求赐名而最终获批的过程："前牧守监司授白鹿故事，乞名书院，亡虑十数。史君、杨侯苦请尤切，率尼未下。宝庆改元，程侯榆典州事，显述颠末，复请于朝。"

古往今来，包括徐霞客在内的许多古代名人都曾前往清湘书院游览，作诗咏之者甚众。明代顾璘任全州知州，此时书院"仅存什一于榛莽之墟"。顾璘见了十分感慨，决定学习前人，复兴书院，为全州培养人才。他撰写了《重修柳侯堂记》一文，阐述为官之道，指出柳开在全州为官，虽历经宋、元、明三个朝代，但全州人民仍念念不忘，这是因为柳开这类的好官员，肯为人民办好事、办实事，表示自己虽然难以做到像圣贤那样，但要学习柳开，不做平庸、贪暴之官。放到当代来看，也十分励志。

顾璘修复书院后，全州人才辈出。广西科举史上有两个人殿试中探花，其中一位是年仅 19 岁的舒宏志，他就曾在清湘书院就读。元代江南人陆垕留下诗句咏叹，足以见得清湘书院影响源远流长。诗曰：

何年柳使君，开此读书林。
天地三江远，烟云一径深。
高山仰圣道，流水净人心。
伊昔从游乐，遗风尚可寻。

柳使君就是柳开，陆垕希望追随先辈，秉承遗风，实现自己的人生抱负。

史籍中还记载了很多地方官员为书院请求皇帝赐额、赐书的情况。如北宋咸平年间，潭州太守李允则扩建岳麓书院时，上奏朝廷颁赐国子监书籍。南宋淳熙年间，朱熹知南康军时，修复白鹿洞书院后上奏孝宗请求赐额赐书。南宋咸淳年间，制置使兼知庆元府刘黻建书院，奏请求赐额"慈湖书院"。

　　书院创建落成或重新修复等事件后，撰写书院记的工作总是请有一定地位、名望的官宦人物或著名学者担任。书院记写了些什么呢？离不开写明事件缘起、过程，阐明自己关于书院教育的宗旨、功能等观点，表彰有关人物的崇儒重教、兴学育才之功。各级地方官员为表示对书院的重视、鼓励、支持，往往为书院题名、作记，借此提高书院的地位，扩大其影响。如白鹿洞书院，历代地方官员为之作记的人很多，有的还不止一篇，如南宋绍定六年（1233），江东提刑兼提举袁甫就接连写了《重修白鹿书院记》《白鹿书院君子堂记》。此外，各级官员还通过撰作铭词、题额等方式表示对书院的重视、支持。有机会时还提携后生，推荐书院生徒入朝为官。

（四）亲自过问　直接介入

　　许多地方官员自觉自发把书院工作作为自己政务工作之一，直接参与、过问书院的日常管理工作，手把手地进行指导。

　　他们关注书院的制度建设，为书院制定出各种学规教条及日常管理章程制度，对书院教学、藏书等活动进行规范。如朱熹在修复白鹿洞书院后，制定了《白鹿洞书院揭示》。此《揭示》在朱熹兴复岳麓书院时，又颁于岳麓书院，后来更成为天下众多书院所共遵的教条或成为众多书院学规的基础，影响很大。此后，白鹿洞书院历代有不少规条出现。

　　历代有不少官员亲自订立或选用了训勉生徒的各种规条。有的主要是关于书院生徒为学、修身的原则性的训勉、禁约，有的有非常具体的要求。

　　书院的教学及日常生活的各个方面、各个环节的管理，地方官员都会涉及。如书院掌教及管理者的选择和聘任，就是各级官员所格外关心的。历代各官办书院山长的选聘往往由官府负责，有很多相关记载。如南宋乾道元年（1165）湖南安抚使刘珙重新修复岳麓书院后，即聘张栻主管书院教事。朱熹修复白鹿洞书院后，就着手聘请掌教、职事，未能成功，于是亲自任洞主，主理事务。在元代、清代书院官学化倾向严重的时期，书院掌教由官方选聘已成为惯例。正如清道光年间戴钧衡所说，书院山长"元时与学正、教谕并列为官，选于礼部及行省宣慰司"。此记载见于《桐乡书院四议·择山长》。

宋淳祐年间，陈圭任潮州太守时，十分重视韩山书院，考试亲自命题，一时传为佳话。《永乐大典》还特地记上一笔："春秋课试，亲为命题，讲明四书及濂洛诸老议论，以示正学之标的。"可见，官员亲自参加甚至主持书院的教学、祭祀活动，亲自命题课试生徒，亲自评阅试卷在当时并非特例。

五、文士学子　公共空间

2022年7月，反映北宋生活的电视剧《梦华录》火了，人们发现原来古代还有这么一个悠闲的时期，风雅精致的宋代生活方式成了不少当代人的渴望与向往。

事实上，书院生活也是宋代读书人的向往，是知识分子的一种生活方式。宋代的书院属于公共空间，是知识分子聚会闲聊、研究课业、传播文化的地方，同时，也是教化百姓、移风易俗的地方。一般人们认为书院有三大功能：讲学、藏书、祭祀。事实上，中国古代书院的功能远不止这三个方面，而是多层面的，休闲也是其中之一。

（一）唐宋诗作　闲情逸致

书院功能多重，这在书院最初出现的唐朝就可见端倪。

除了官办的书院，唐朝民间大约有50所书院，在《全唐诗》中有具体生动的描述。除了标明创作于丽正、集贤书院的诗歌外，还有13首记叙了书院之中的诗情画意，捕捉了闲情逸致的美好。举例二三：

题玉真观李祕书院

〔唐〕韩　翃

白云斜日影深松，玉宇瑶坛知几重。

把酒题诗人散后，华阳洞里有疏钟。

同耿拾遗春中题第四郎新修书院

〔唐〕卢　纶

得接西园会，多因野性同。

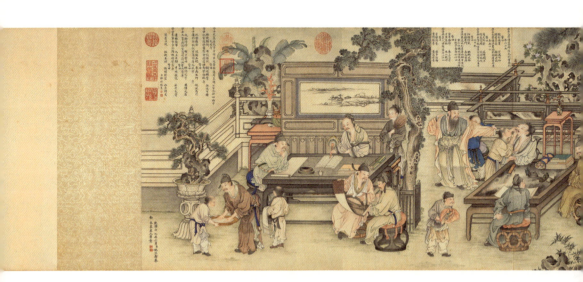

〔清〕姚文瀚《摹宋人文会图卷》　台北故宫博物院藏

引藤连树影，移石间花丛。

学就晨昏外，欢生礼乐中。

春游随墨客，夜宿伴潜公。

散帙灯惊燕，开帘月带风。

朝朝在门下，自与五侯通。

题五老峰下费君书院

〔唐〕杨巨源

解向花间栽碧松，门前不负老人峰。

已将心事随身隐，认得溪云第几重。

从诗中可见，这些书院大多以个人命名，多为私人藏书读书之地，但也是向社会开放的一种文化机构，接纳朋友、学者、文人、墨客等。书院大多在名山大川，"风景似桃源"，注重人与自然"天人合一"

的协调。人们在书院中藏书读书、吟诗作文、优游会友、学术交流、教学授业、讨论政治等。后世书院几乎所有的活动、功能、元素都可以在此找到源头。

书院是儒者之地，也常与佛道相杂。儒生、僧侣、道人齐聚，既可以"读书林下寺"，也可以探讨"玉宇瑶坛知几重"，对国家社会的命运"寒宵未卧共思量"。儒释道三者互相沟通和影响，也是书院产生的思想文化背景，如书院"讲会""会讲"制度就来自佛教的会讲制度。

到了宋代，写书院的诗更多了，试举几例：

题城南书院三十四咏·其一

〔宋〕张栻

阶前树影开还合，叶底蝉声短复长。

睡起更知茶味永，客来聊共竹风凉。

过霞山小饮

〔宋〕袁说友

霞山书院醉焚香，细雨轻阴见海棠。

春动旧怀杯酒后，晚吹新恨笛声长。

或红或白花饶笑，为整为斜草更芳。

寄语风光易尘土，相看流转且相羊。

题桥南书院图卷

〔宋〕韩淲

几年来往柯山下，合到桥南书院中。

邂逅立谈知地胜，从容抵掌见诗穷。

心情信自一尘足，眼力从他万马空。

煮茗烧香了吾事，试听滩濑落秋鸿。

张栻是宋代著名理学家和教育家，他在城南书院时，"睡起更知茶味永，客来聊共竹风凉"完全就是与友人聊天，一派悠闲的样子；袁说友在霞山书院时，有酒有花有乐，"醉焚香""见海棠""杯酒后""笛声长"，活动丰富多彩；韩淲在桥南书院时，作诗品茗闻香，"邂逅立谈知地胜，从容抵掌见诗穷""煮茗烧香了吾事，试听滩濑落秋鸿"，无一不是文人雅乐之事。

宋代的书院作为文化教育机构，承载着传播文化知识、培养人才的使命，是士人向往的地方，杨万里的诗句"卢溪书院一番新，千里学子来如云"，描写的就是众多学子奔赴书院的生动场景。其实，书院除了是学子读书之所，更是人们特别是文人士大夫乐而忘归的休闲场所，可在其中旅游观光、会亲访友、论文吟诗、举杯弄琴、煮茶品茗、聊天谈心、借书读书等等。现代休闲意义的游玩、聚会、雅集一个都不少。

宋代书院受到休闲者青睐，成为重要的公共休闲场所，究其原因，是书院不仅有优美的自然环境，更有着丰富多彩的人文景观，当然也包括那些纪念大儒或者创始人的建筑。而客馆则是接纳来访人员歇脚止宿的设施，史料表明，宋代书院作为公共休闲场所多是设有客馆的，环境设施相当不错。

（二）气象更新　奠定基础

读书人喜欢书院，与"唐宋变革"带来的新气象有关。"唐宋变革"涉及政治、经济、文化乃至军事诸层面，使唐宋社会尤其是宋代社会出现了诸多的新气象。"唐宋变革"反映到文人士大夫这些最大受益者身上，则是他们对生命意义的忘我追求，这种追求自然也投射到周围的环境、景物之中。

宋词与唐诗并驾齐驱，古文运动勃兴，"唐宋八大家"涌现，成为中国文学的高峰，而优游闲适、逍遥自在、放情山水也成为文人学子一种重要的生活方式。"梁园歌舞足风流，美酒如刀解断愁。忆得少年多乐事，夜深灯火上樊楼。"这首《忆樊楼》是朱熹的老师刘子翚写的一首"汴京纪事"诗。所谓"樊楼"，就是设有"瓦子"、可以活动直至深夜的场所，也从一个侧面反映出宋代市井生活的繁华。这并非刘子翚个人生活的记述，而是宋代士大夫这个群体的生活写实。

宋代最高统治者对士大夫的这种生活态度，总体来说是支持、鼓励和倡导的。在《续资治通鉴长编》中就有记载，宋太祖在开国之初曾发出"人生如白驹过隙"的感慨，力劝众臣"多置歌儿舞女，日饮酒相欢，以终其天年"。而宋真宗也认为社会安定、商业繁华，鼓励群臣闲暇之时游历宴乐，御史不用多管、更不用上奏。其文为："诏以稼穑屡登，机务多暇，自今群臣不妨职事，并听游宴，御史勿得纠察。"从最高统治者的态度可知，悠然闲适、放意山水成为士大夫生活的一个基本内容，也已经成为当时的风尚。悠闲生活普遍存在于士大夫生活中，意味着休闲消费需求的增加，同时也呼唤更多的休闲供给。

宋代书院的勃兴，一方面是想借机改变科举制度的弊端，另一方面则满足了士大夫的休闲消费需求。例如南宋理学家魏了翁在《书鹤山书院始末》里说起他创建鹤山书院的动机，就是希望和朋友聚会，一起读书研修"退而聚友于斯，藏修息游于斯，相与诵先王之遗言"。故而在书院建成后，魏了翁经常约三五好友往来其间。朱熹在《答黄子耕》一信中提到的"今且造一小书院，以为往来干事休息之处"，也让我们了然他兴建书院以满足休闲需求的目的和动机。因此，宋代书院的功能拓展了，传统的讲学、藏书、祭祀以外，再加上休闲，构成一个更为丰富完整的书院功能体系。

书院的兴盛，是宋代文化教育发达的表征，也折射出宋代人们尤其是士大夫休闲需求的旺盛，以及休闲供给的多层次性。归根结底，这是社会经济和文化发展的产物。

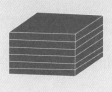

书院悠然 SHUYUAN YOURAN

书院繁荣有大道

一个组织要长久发展和繁荣，内部必须有共同信奉的文化和愿景，也要有合适的制度规范。

书院最为核心的是师生关系，书院严谨治学、潜心修德的活动中弥漫着"爱"的文化，教师对学生的"仁爱"、学生对教师的"敬爱"，表现出书院浓郁的人文气息。这是书院教育的精神支撑，也是书院得以维系的内在动力。而求理明道，是师生共同的追求，也是师生关系的基础。

书院教书育人并重，育人为先。书院想培养的是既有圣贤人格又有济世救民之能的体用兼备的理想人才。以"修身齐家治国平天下"为价值目标，书院有独特的课程与教学内容，有自学与质疑、讲学和会讲、日记教学等教学形式。

一、亦师亦友　教学相长

中国著名作家、文学理论家唐弢，曾跟随鲁迅先生学习，在《琐忆》这篇为纪念恩师诞辰八十周年而写作的文章中，他提到鲁迅先生说话时态度沉静、亲切而又从容，使听者心情舒畅，真有"如沐春风"的感觉。这让当代学生很向往。其实这样的师生交往在宋代书院里比比皆是。

宋代的朱光庭是理学大师程颢的弟子。据《伊洛渊源录》载，朱光庭曾到汝州听程颢讲学，如痴如醉，听了一个多月才回家，回家逢人便夸老师讲学的精妙，说自己仿佛"在春风中坐了一月"。此处的"春风"取的是比喻义，指受到老师的教导。后来"如沐春风"成了成语，意思是和高人相处，就像受到春风的吹拂一般，比喻同品德高尚且有学识的人相处并受到熏陶或感化。

孔子半身像（《至圣先贤半身像册》）　台北故宫博物院藏

在中国古代教育史上，从孔子开始便形成了尊师爱生的优良传统，宋代书院将这一传统继承并发扬光大。和谐互动的师生关系既是书院教育特色，也是书院精神的源头活水，传承学脉，开创了一代学风。这也是宋代书院能够创造巅峰成就的根本原因之一。

（一）向师而来　求理明道

宋乾道二年（1166），婺州（今浙江金华）人发现，有个奇怪的现象：操着各种口音的外乡人云集婺州，纷纷打听一个人，随后齐聚明招山的一个墓边小屋。

人们争相打听的这个人就是吕祖谦，字伯恭，学者称之为东莱先生。当时，他因为母亲曾氏病逝，"护丧归婺（金华）"，把母亲葬在明招山，而自己就在墓侧建一间小屋为母亲守灵。

吕祖谦是南宋理学家、史学家、文学家，由于品德端、学问好，在学人中享有很高声誉，与朱熹、张栻齐名，被称为"东南三贤"。听闻吕先生闲居在家，各地对他仰慕已久的学子有了机会，纷纷赶来与他研讨、向他学习。

三年服丧期满，吕祖谦恢复官职，担任严州府学教授。后来，在学生们要求下，吕祖谦开办了丽泽书院，正式授徒。吕祖谦对自己收徒讲学的情况，是这么说的："近日士子相过聚，学者近三百人。时文十日一作，使之不废而已。"

被吕祖谦吸引，跟从学习的学生达千人。纳兰成德曾为《东莱书说》作序，也清晰记载着这一盛况："吕成公讲道金华，四方从游者千人。"可见，婺州成了当时学人心目中的圣地，天下称婺州为小邹鲁。丽泽书院也声名日盛，成为南宋四大书院之一。

吕祖谦拙于言辞，自称"天资涩讷，交际酬酢，心所欲言，口或不能发明"。就连好友朱熹也曾感叹："可惜如伯恭都不会说话，更不可晓，只通寒暄也听不得，自是他声音难晓。"但这却不妨碍吕祖谦成为最受欢迎的老师。可见，书院教师对学生的影响力和感召力，根本来源于学问自身。

和丽泽书院一样，宋代书院多由名师大儒、德高望重者主持或教学。学生慕名而来，他们尊重敬仰老师的品德、学识，重视老师教诲，遵循古语"一日为师，终身为父"的要求。书院师生继承孔子以来的传统，强调师生是一种以"求道"为目标的道义共同体，强调师生之间相交以道，以道义相劝勉。这与前代大有不同。

隋唐儒学延续了两汉经学的传统，重章句训诂，不重视对经书义理的探讨。宋代教育家持义理之学的立场，反对附会先儒遗言。张载就强调"义理有碍，则濯去旧见，以来新意"，大意是，涤除陈旧过时的见解，从而得来新的意义。正如周敦颐《通书·师友下第二十五》所谓，天地间最尊贵的是道，最贵重的是德，要具备良好的品德，漫漫人生，必须得到良师益友的帮助，他强调师生要相交以道、共进于道。

在宋代官学中，师生以科举为主要追求，师生相遇漠然如路人。朱熹批评当时官学教育汲汲于利欲而忽视了对道义的追求，指出教师应该以道义、品德、气节感染和引导学生，而不是舍本逐末、怀利去义。

书院教育家坚持教师应为学生树立榜样，关键在于要通过自身修养传递君子之道。既然是要培育圣贤，那么教师首先就要以圣贤之道要求自己。如此一来，学生从内心深处对教师品德予以高度认可，就会把老师作为学习榜样，彰显出教师人格感召的力量。

因此，从普通教师到山长，书院选聘均颇为严格，"足为多士模范者，以礼聘请"。学高为师，德高为范，这就为良好师生关系奠定了坚实基础。教师普遍重视内圣之学，"行有不得，反求诸己"，注意在精神世界和行为操守上不断提升自我修养，崇尚以身作则，用自身的行为去引导学生。

书院教师与诸生在道义上互相砥砺，共同坚守，这是师生之间稳定长久的情感基础。教师通过讲明义理，培养士子君子人格，士子求学不以功名利禄为人生追求。书院将学生的道德情操和社会责任感培养作为主要任务。

求理明道，是师生关系的纽带与基石，形成了宋代书院在生徒培养方面的特色。

（二）殚精竭虑　传承"仁爱"

书院的名师大儒在学术上都有巨大成就，同时也懂得尊重学生，他们以自己的品德、气节感染学生，处处起榜样作用，并不多加训示，正如陆九渊所说："吾与人言，多就血脉上感移他，故人之听之者易。"

不仅学生十分尊重敬仰老师，老师更是对学生关爱有加，尽其所能传道、授业、解惑。范仲淹在应天府书院执教期间对学生"执经讲解，亡所倦"，还拿出自己的薪俸来资助那些贫困学子，《宋史·范仲淹列传》有载，"尝推其俸以食四方游士，诸子至易衣而出，仲淹晏如也"。说明他曾经用自己的俸禄资助贫困的天下游学之士，以至他的儿子们衣服要轮换着穿才能出门见客，范仲淹却安然自若。

学生黄勉斋曾在文中深情地回忆朱熹。朱熹当时一边为官一边经营书院，白天到官府办公，夜间还乘船过江赴书院讲学，身体不适，也坚持，竟至于"虽疾病支离，至诸生问辨，则脱然沉疴之去体。一日不讲学，则惕然常以为忧"。朱熹对教学的热爱之情和对学生的关切之心由此可见一斑。

〔南宋〕文天祥生前所用砚台"玉带生砚" 台北故宫博物院藏

确实，岳麓、白鹿、丽泽等书院人才辈出，并成为不同地域文化的重要象征，显然与大师们"学而不厌，诲人不倦"的教育精神密不可分。

写出"人生自古谁无死，留取丹心照汗青"的状元文天祥，其风骨是一代文人的典范。他在回忆老师欧阳守道时情深义重："先生之德，其慈如父母，常恐一人寒，常恐一人饥，而宁使我无卓锥。其与人也，如和风之着物，如醇醴之醉人……"欧阳守道虽然与文天祥只有一年的师生之谊，但对文天祥产生了毕生影响。文天祥在白鹭洲书院学习时深受欧阳守道的教益和关爱，学业进展飞快，思想逐步成熟，求学之余师生共议时政，抵御外辱、拯民于水火等志向逐步明晰。

"庆元党禁"后，朱熹被打成"伪学魁首"，去职远离。有人诬指其弟子蔡元定为朱熹羽翼，被贬湖南道州编管。朱熹与学生一百多人为他饯行，很多人掩面而泣，蔡元定却泰然自若，赋诗曰："执手笑相别，无为儿女悲。轻醇壮行色，扶摇动征衣。断不负所学，此心天可知。"朱熹感曰："朋友相爱之情，季通不屈之志，可谓两得之矣！"朱熹逝世后，朝廷下诏不许为其送葬，但黄榦、李燔、蔡沈、周谟等学生不顾诏令，出面主持朱熹葬礼，参加会葬者上千人，大批门生冒险而往。书院师生情感甚笃，果非虚言。

事实上，"仁"是弘扬书院教育的主旋律，表现出书院教育浓郁的人文气息，是书院教育的精神支撑，是书院得以维系的内在动力。

（三）丰富形式　乐融对话

朱熹的著作中有一本《南岳倡酬集》特别有意思，全书收录了140余首诗歌，是朱熹、张栻、林用中三人游览南岳时的唱和之作的结集。

那是乾道三年（1167）九月，朱熹带着弟子范念德（字伯崇）、林用中（字择之）等，从福建崇安到潭州访问张栻（字敬夫），在湖南讲学、游览南岳衡山先后二月余，"与择之陪敬夫为南山之游，穷幽选胜，相与咏而赋之，四五日间，得凡百四十余首"。这期间师生之间留下的逸兴勃发之作，即为《南岳倡酬集》。后来，林用中又陪同朱熹参加了与"心学"宗师陆九渊论道的"鹅湖之会"，经过两次随师论学，林用中学问精进，后来成为朱门理学的重要继承人。

书院教师与官学教师不同，能够与生徒平等以待，在互敬互重、互相关怀的氛围中开展教学活动，培育出亲密融洽的师生关系，并在轻松自然的交流中传道、授业、解惑，增进友谊。虽为师生，但也如朋友，平等尊重，教学相长。

除在书院开展教学外，教师们不固守僵化的教条，而是用喜闻乐见的传道方式作为书院讲学活动的一种调节。朱熹、张栻等在书院开展的教学活动不局限在讲堂之中，闲暇时常与生徒在山石林泉美景之中探讨各种学术问题，启迪点化学生的疑问。书院教师或组织名师会讲、以诗会友、雅集聚会；或携弟子游学，在讲学论道之际感受山川之美，与自然亲密接触，在潜移默化中促进了师生关系的融洽和谐。

宋代书院的师生平等主要体现为学术上的平等，鼓励争辩诘难，体现了书院的治学精神。学生的学习并非被动地接受，而是由质疑的精神激励学生大胆地发出不同的声音，最终使得学生殊途同归，塑造更完善的人格。丽泽书院的创办者吕祖谦，除了自己在丽泽书院教授生徒、著书立说，还经常邀请知名学者前来探讨学术，交流思想。如南宋淳熙二年（1175）吕祖谦召开的"鹅湖之会"，朱熹和陆九渊等就"教人之法"开展论辩，发扬了各抒己见、求同存异的精神，体现了不同学派、师生之间的学术平等关系。

师生双方都可以在交互中获得发展的推动力，达到师生共进的效果。学生向大师们虚心求教，获得学识心性修养的提升；而大师们在教学中与学生相互辩论，互为启发，让自己的学说日臻成熟。

一些规模较大的书院，除了配备精干的教职队伍辅助教学等工作

〔南宋〕佚名《仿马远洞天论道图团扇》　美国大都会博物馆藏

外，一些事务也由生徒兼职承担。朱熹在修复白鹿洞书院时，还曾请学生林用中、黄榦、王阮等一同讲学。生徒参与管理是我国教育史上的一大进步。

宋代书院这种开放与兼容并蓄、推行师徒平等交流、生徒自学和独立思考的办学特点，成为文化繁荣的重要推力，并对后世产生深远影响。

（四）合著办院　光大学说

宋庆元六年三月初九日（1200 年 4 月 23 日），是个悲伤的日子。理学大师朱熹走到了生命尽头。不舍的弟子们围在老师的旁边，有的扼腕叹息，有的珠泪涟涟。临终前，朱熹眼神殷切，特别放不下的是还未完成的书稿——《仪礼经传通解》，嘱弟子黄榦等继续完成书稿。忙完丧事，黄榦夜以继日查找资料，撰写书稿，想尽快完成老师的遗志。但仅完成《丧礼》15 卷，黄榦也撒手人寰。最终，由朱熹学生杨复撰补而成。朱熹师生接力著述，用著述和研究延续学术思想，被传为佳话。

朱熹是中国历史上著作最丰的儒家学者之一，他的著作离不开弟子的参与。朱熹生前著书，往往组织弟子一起参与撰写或编定，据《宋史》记载，朱熹注释《四书》《易》《诗传》等，皆与蔡元定往复参订。其《伊洛渊源录》《近思录》《通鉴纲目》等著作，都含有蔡元定的见解。朱熹师生之间在学术上的互动，使其思想更趋完善。

"宋初三先生"之一的胡瑗，非常重视教育和人才培养，提出"致天下之治者在人才，成天下之才者在教化，教化之所本者在学校"。他平生只爱讲课，不爱著述，但他一生著述丰富，其奥秘在于弟子的努力。目前流传下来的《周易口义》《春秋口义》《春秋说》《洪范口义》《论语说》等，主要由弟子记录、整理而成。

另一位"宋初三先生"之一的孙复，主持泰山书院期间，弟子祖无择跟从孙复学《易》《春秋》等，师生感情深厚。据欧阳修所作《孙明复先生墓志铭》记载："方其病时，枢密使韩琦言之天子，选书吏，给纸笔，命其门人祖无择就其家得其书十有五篇，录之，藏于秘阁。"孙复病重，皇上选人带纸笔，让其弟子祖无择录其著作 15 篇，收藏于密室，这颇为难得。孙复离世后，祖无择千方百计收集遗文汇编成册，出资刊印，传之于世，可见对老师感情之深厚真挚。

师生合作著述研究、传承道统，这说明，书院不仅是一种教育机构，而且是一种学术研究机构，对学术发展有重大意义。同时这一过程也进一步推动了书院的发展。

创立学派、传衍学脉，是弟子门人纪念老师们的另一种方式。书院大儒培育的众多弟子，在老师逝去之后，大多不负期望，或建书院发扬师说，或继承山长之位，成为老师学术的传播者、继承者，将本学派的学说发扬光大。良好的师生关系，造就了学术思想的承前启后，不断推陈出新。

可以说，弟子创建书院是一种缅怀先师、传承学术思想的举措，是一种敬仰老师的行动，是一种为社会育才的理想信念的坚持，是一种服务社会的方式，也是一种生活方式的选择。

据王炳照先生在《中国书院史话》一书中统计，整个宋朝，书院最多的是这几个省：江西224所，浙江156所，福建85所，湖南70所，广东39所，江苏29所，安徽20所。这些都是名家大儒所办书院的所在地，其中大部分书院是朱熹、张栻、吕祖谦等大师的弟子及再传弟子开办的。

吕祖谦离世后，门人、弟子继续在丽泽书院从事教育、研究、藏书、刻书工作，对吕祖谦的学术传承和浙东学术发展作出了重要贡献。后来其门人弟子散布到全国各地，其中很多人建了书院收徒授业。随后元、明、清三朝共出现了12所丽泽书院，分布在浙江、湖南、山东、山西等省，在历史上创下同名书院数量最高的纪录。

据统计，朱子门人创建和讲学的书院至少有34所（也有统计为37所）。朱熹门人在教育中积极推行朱熹的《白鹿洞书院揭示》和传播以《四书章句集注》为代表的朱子理学，朱熹的学术影响和书院的影响也随着其弟子创建书院和讲学活动日益深广，印证了书院生徒良好关系产生的力量。

另外，书院的重要规制祭祀，也体现了书院弟子尊重历史、尊重先师、尊重学术传承的特点。书院弟子对先师的推崇、怀念成为继承和弘扬师说的动力。

我们今天研究宋代书院教育中的师生关系，对构建新时代师生关系、传承学术、引领社会风气等方面均具有现实意义。从宋代书院发展可见，教师应以身立行，多用品德气节感染和带动学生，用心施教，帮助学生形成良好的学习、生活与行为习惯，使其能够愉快学习、健康成长，得到全面、有个性的发展。而寻求和采取轻松、和谐的交流方式，无疑是师生之间培养良好感情的先决条件。

二、以德育人　德育为先

历史上有过一个悲壮的故事，发生在南宋末期元兵南侵的时候。

公元1276年9月，元朝右丞相阿里海牙的数万元军将潭州（今长沙）城围得水泄不通。湘西学院和岳麓书院正位于潭州，虽经常遭元兵骚扰，学生们仍都聚居在城内的州学继续读书。

书院一向教导学生忠君爱国，努力成为报效祖国的人才，面临国难，岳麓书院的学生都想参军杀敌。但长沙城当时的守卫者知州兼湖南安抚使李芾深知学生是国家的希望，不肯答应。既然不能奔赴前线，岳麓书院的学生们就镇定心神，继续修身治学。于是，在潭州被围城的三个月期间，学校中仍然传来书生们琅琅的读书声。

除夕夜，阿里海牙率领的元朝军队登上了潭州城墙。南宋三千残兵的坚守，终于功亏一篑。

城破家国灭。岳麓书院的学生们决心与国家共存亡。文质彬彬的他们毅然走出学校登城与元军拼死相搏，数百名学生大半战死，谱写了岳麓诸生"荷戈登陴，死者什九"的悲壮史诗。

这是气节，这是脊梁！

《宋史》《宋元学案》等文献记录了这一段悲壮的历史，彪炳千古！

〔南宋〕青年学子像　美国国立亚洲艺术美术馆藏

战火过后，岳麓书院被毁，一直到明代才完全得到重建。

岳麓学子体现出的"风骨"彰显了当时宋代文人学子勇担道义的爱国主义情怀。这背后是书院教书育人并重，育人为先的教育成果。

书院十分重视道德教育，宋代书院教育家认为道德伦理是个人安身立命之本，以个人道德完善作为起点，坚持推己及人，实现治国平天下理想，确立书院以德育人、德育为先的教育理念，提出了"明道""传道"的办学宗旨，并且实施了一系列颇有成效的教育方法。

这与宋代的基本国策也有关系。宋太祖在建国之初，就确立了偃武修文的基本国策，并要求后世继任者要坚定不移地执行。偃武修文的基本国策促进了书院教育等文化教育事业的发展，也锚定了书院的人才培养目标：培养有高尚道德情操，能稳定社会秩序、重建伦理纲常的读书人。

这对今天的德育颇有借鉴意义。而最核心的问题便是：书院培养什么人？品德教育是宋代书院教育的重要目的。书院想培养的是既有圣贤人格又有济世救民之能的体用兼备的理想人才。以"修身齐家治国平天下"为价值目标，宋代书院主要有程颢和程颐的"学至圣人"、司马光的"德才兼备"、朱熹的"求为圣贤"等德育模式。

在程颢、程颐看来，道德教育的终极目标是做圣人，圣人是胸襟坦荡、大公无私、济世安民、自强不息的理想人格的象征，士人应该"学至圣人，求得圣人之道"。同时，二程认为，只要以理学为指导，躬行实践，"人皆可以至圣人"，其重视道德实践的观点对现今也有着较强的借鉴意义。

司马光提出："才者，德之资也；德者，才之帅也。"（李之亮《司马温公集编年笺注》）具体来说，人才可分为德才兼备的圣人、德多才少的君子、德少才多的小人、德才全无的愚人等四类，圣人和愚人是极为罕见的，多数人是君子或小人。德育的目标就是要培养胸襟坦荡、品格高尚、敢作敢为的君子。司马光提出了"以德性为先，其次经术，其次政事，其次艺能"的人才培养、考核和选拔的标准，从而形成"德才兼备"的德育模式。至今，德才兼备依然是选拔人才的标准。

朱熹则认为"圣贤禀性与常人一同"，人应以"圣人"为目标，努力达到"圣人"的境界。他提出，"父子有亲，君臣有义，

司马光半身像（《历代圣贤半身像册》）　台北故宫博物院藏

夫妇有别，长幼有序，朋友有信""始乎为士，终乎为圣人""莫非讲明义理，以修其身，然后推己及人"。在实践中，朱熹反对追求功利的科举之风，主张将"义理教化"结合起来。自然一般规律即为"天理"，人类一般规律即为伦理纲常，说明天理和人心根本关联。我们耳熟能详的那句名言"遏人欲，存天理"，也可以从这个角度加以理解。他提出"修身之要、处事之要、接物之要"（朱熹《朱文公文集》），修身之要，其基本内容是"忠信、笃敬、惩忿窒欲和迁善改过"；处事之要，其基本内容是"正其义不谋其利，明其道不计其功"；接物之要，其基本内容是"己所不欲，勿施于人"。自身道德完善是实现家庭和睦的基础，进而推己及人，实现治国平天下的目标。朱熹概括的人伦

之要和修身之要，体现了书院德育目标观点和现实生活的密切结合，也提示了人们在现实生活中面对价值选择的时候，该如何采取行动。

周敦颐曾在《周元公集》中写道："人希士，士希贤，贤希圣。"即普通人通过学习、完善自我修养，即可成为知书达理之人，在此基础之上，通过努力，成为贤能的君子，君子则通过治国平天下，成为立德、立言和立功的圣贤。知书达理之人、贤能的君子，以及立德、立言和立功的圣贤，都应该积极影响和带动其他人，使整个社会接近尧、舜、禹时期的局面。

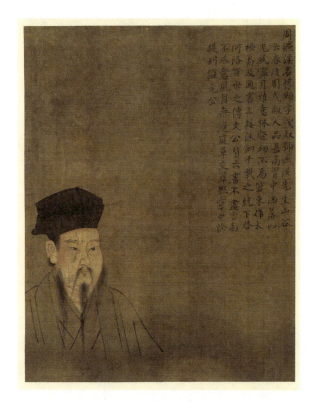

周敦颐半身像（《历代圣贤半身像册》）　台北故宫博物院藏

综观宋代书院德育历史，周敦颐、程颐、程颢、司马光和朱熹基本完成了书院德育目标和实现途径理论的构建。以此为基础，宋代书院德育目标从人与自身、人与人、国家与社会三个层面进行了基本表述。以此勾勒出人们应该遵循的自我道德修养基本内容、应该遵守的社会基本伦理纲常，以及如何明晓和践行人伦之要和修身之要。当然，这一切的指向还是为了确立社会基本伦理纲常，实现社会秩序稳定。

书院的道德教育不是培养学生做一些华丽的表面文章，而是要培养学生成为践行伦理纲常和修身之道的表率，教育尤其是道德教育，能够使人摆脱功利化的束缚。

三、品高学生　培养有方

书院培养道德高尚的"圣人"的关键是推行德育为先的教育理念，并且实施一系列颇有成效的教育方法。这为我们今天的道德教育提供了宝贵的借鉴，也可以更好地推进学校道德教育。

（一）"分年"教育　尊重差异

书院提倡根据生徒的年龄、思想道德水平、个性特点进行品德教育，遵循由低到高、由粗至精的内在规律。这种阶段性、个性化的德育方法、德育思想有助于提高德育教学的针对性，提升德育教育的实效性。

朱熹总结了历代德育教学经验，提出了"分年"的品德教育方法。即将学校教育划分为小学与大学两个阶段，"人生八岁……皆列入小学""及其十有五年……皆入大学"（《大学章句序》）。朱熹认为"小学"阶段要开展基础德育工作，"养得他心"是重点，"大学"教育则重在"理教"，需要在"教之以穷理、正心、修己之道"等方面下大气力。

无独有偶，岳麓书院的张栻也推行"分年"教育。他根据生徒的年龄不同，安排有阶段性的德育内容。在"小学"阶段，生徒的身心素质、理解能力发展不足，很难学习领会深奥的道理，要学习伦理道德规范，实际上正体现于"弦歌诵读""洒扫应对进退"等日用常行之事中，因此"小学"阶段主要"学以事"。随着年龄的增长和学习积累，生徒进入"大学"阶段，可以通过"格物"的功夫领悟"仁义礼智"的道理，把握君臣、父子、朋友等伦理要求，实现"修身齐家治国平天下"的培育目标，达到"此先王之所以教，而三代之所以治"。

古代书院的教师在实践中，看到了在同一年龄阶段生徒"资质不同""禀气有异"，还有"狂者""狷者"之别等，即生徒存在智力、能力、性格和志向等方面的差异，因而采用了因材施教的教学方法。

〔南宋〕刘松年《秋窗读易图》 辽宁省博物馆藏

教师根据同一阶段生徒的不同特点采用不同方法和不同教学内容进行教育，体现出对孔子教育思想的继承。

宋代书院因材施教，强调通过灵活多样的方法进行教育。书院教师们常根据学生的特长、兴趣等组织活动。比如，胡瑗创设了分斋教学制度，通过"经义斋"讲授儒家经典，培养"有器局，可任大事"的学生；通过"治事斋"培养治兵、治民人才，培养学生的节操义气。朱熹将弟子分成"德行""言语""政事"等几类，"因其所长而教之"。这种因材施教的方法对人的成长非常有效。

显而易见，书院积极主动地崇"道"求"圣"，与书院教育家充分肯定和尊重生徒的个体差异是分不开的。

（二）知行合一　品德实践

道德品质的提高是一个形成过程，也是一个实践过程，需要在实践中磨炼和考验。因此，书院教育家反对空谈心性，提倡切实躬行的践履精神，力求知行合一、学以致用。如朱熹在《白鹿洞书院揭示》中强调"言忠信，行笃敬"，认为德育"若不用躬行，只是说得便了，则七十子之从孔子，只用两日说便尽，何用许多年随着孔子不去"。

事实上，德育隐于书院特色活动中，主要体现在生活实践、祭祀活动、社会实践中。书院教育家主张首先从生活实践开始，重视在日常生活中实施教化，体现出"生活即德育"的大德育观。张栻主张要走出书斋，在日常行为中学习，提出"未应只向寓中看"，即要求生徒把这种道德认识运用到日常行为之中，把道德认知转化为道德信念，变成日常行事的自觉行为。他在《邵州复旧学记》中传达出鲜明的观点："教必先使之从事于小学，习乎六艺之节，讲乎为弟、为子之职，而躬乎洒扫应对进退之事，周旋乎俎豆羽籥之间，优游于弦歌诵读之际。"

从古至今，礼仪都有非常重要的社会教化功能。在古代书院培养、教育士人及进行社会教化活动的过程中，祭祀礼仪是书院道德践履活动的重要组成部分，原因在于可以激发士人的道德使命感和社会责任感。如岳麓书院设置了文庙和专祠，作为祭祀的主要场所。祭祀的对象既包括先圣先贤先儒，还包括名宦乡贤，勉励生徒见贤思齐。如周式等有功于岳麓书院者，皆被供奉于"六君子堂"，书院还设有祭祀朱熹、张栻的"崇道祠"。对先贤的祭祀，既有利于增加学生对先贤高尚德行的了解，也能激发学生加强自身道德素质的主动性和内驱力。

书院培养的学生当中，也有许多为国为民的栋梁之材，他们一直是书院学子在治学、为人方面效法的榜样。他们的事迹，不仅体现了书院"成就人才，以传道而济斯民"这一教育目标的实现，也有利于鼓舞更多后代学子致力为学、经世致用、报效祖国、服务人民。

经世致用是古代儒学的基本价值取向，因此社会实践是书院德育的一个重要环节。书院教育家强调，"修己"只是个人品德修养的起点，"安百姓"才是最终的目的和归宿，生徒们不仅应当"明诸心，修诸身"，加强内在的心性修养，而且应当担负起"传道""安百姓"的经世济民责任。书院生徒应当在社会实践中"利济苍生"，福泽百姓。

（三）德育环境　潜移默化

德育隐于书院自然环境。"蓬生麻中，不扶而直；白沙在泥，与之俱黑。"因此，古代书院教育家非常重视环境的潜移默化的功能。

书院教育家认为环境育人，主张修身养性应当远离尘嚣，因此往往选择环境清幽之地建立书院。有人甚至认为陶冶气质，浸润心灵，人还不如环境的作用大，"陶钧气质，渐润心灵者，人不若地"（〔唐〕徐锴《陈氏书堂记》）。

宋代书院非常重视教育环境的营造，特别注重营造优美的自然环境。因此，书院大多建在名山大川、风景绝佳处，多数书院"依山林，

江苏泰州安定书院

即旷野",如朱熹在武夷山修建的武夷精舍、陆九渊在应天山修建的象山书院、吕祖谦在明招山创办的丽泽书院等,都建立在风景优美的地方。

岳麓书院建于岳麓山中,前瞰湘江,山水相融,营造出远离闹市、处幽清净的自然环境。而在书院内部,锦鲤优游于清池,鸟雀飞掠于枝梢,花木成长生机勃勃……南宋时期的山长张栻曾非常感慨地说:"为爱其山川之胜,栋宇之安,徘徊不忍去,以为会友讲习,诚莫此地宜也。"朱熹亦曾指出:"若浑身都在闹场中,如何读书","用半日静坐,半日读书,如此一二年,何患不进"。

许多古代教育家不仅注重书院选址,更将营造优美环境视为书院教育的重要方式。古人有借物咏志的传统,宋代书院中的植物多为梅兰竹菊、苍松翠柏等，象征着刚正不阿、高洁脱俗的品格，可以浸润式地塑造学子们的道德品格。如荷，"出淤泥而不染，濯清涟而不妖，中通外直，不蔓不枝，香远益清"；竹，根系发达、生生不息，且正直挺拔、刚毅有节；松，岁寒不凋、坚忍顽强。生徒们琅琅的读书声与大自然的风声、雨声、潺潺流水声交织，体现了心灵与自然韵律的和谐统一。

"天地与我并生，万物与我为一"的境界，更有利于培养学生生态道德，使他们在人与自然的和谐共处中，体悟个人价值融入社会价值、个体融入社会整体的意义。

此外，宋代书院设有讲学、藏书、祭祀等多种教育场所，讲学堂、藏书楼、祭堂等往往居于书院的中心位置，其他建筑依附于主体建筑，这种建筑布局显得庄严、稳重、规范，能够潜移默化地影响学生形成中正的品格。

（四）课程教学　德育依托

宋代书院大多以"明人伦"为德育宗旨，以儒家学说、理学著作和历史典籍为德育课程的"骨架"。虽然各个书院各有特色，但是德育课程多以经史子集为基本内容。

生徒们主要以先秦儒家经典、各类理学著作、历史典籍与词赋为课程内容。书院所选儒家经典，均蕴含着为人处世的根本原则和治国安邦的经验，教师们希望学生在研习品读中领悟精髓，内化于心，修炼成返本归真的理想人格。研习顺序也很讲究。朱熹提出，先读《大学》以"定其规矩"，再读《论语》以"立其根本"；在读完四书之后，再读六经。朱熹先后主讲了《大学》《中庸》等儒家经典，以求弟子们品行持重、德智谦和。在岳麓书院，张栻把儒家经典六经作为主要教学内容，他认为其中所蕴含的"义理"，能启发学生恢复善的本性。

到了清代，山长李文炤在《岳麓书院学规》中明确说："四书为六经之精华，乃读书之本务。"再后来，王文清在主教岳麓书院时，也格外重视经学教育，他认为："日月不灭，万古六经。囊括万有，韬孕经纶。如何不学，长夜迷津。"

在宋代，理学逐渐成为规范人们行为的重要准则。特别是南宋时期，程朱理学成了当时的显学，也成为书院的重要课程。如在白鹿洞书院，《四书章句集注》《朱子语类》《太极图说论》《白鹿洞书院揭示》《白鹿洞书堂讲义》等都是德育教学内容。

在书院中，除了儒家经典，历史典籍、诗词歌赋等也是陶冶学生道德情操、提高学生人文修养的重要载体。不仅《左传》《汉书》《楚辞》《老子》《尚书》等需要涉猎，且山长、洞主、历代名人的文章也都是德育教学内容。

"学莫便乎近其人"，师者的言行举止是最直接的隐性德育资源，教师的品行水平直接关系到学生的道德修养程度。正如《礼记·文王世子》所说："师也者，教之以事而喻诸德者也。保也者，慎其身以辅翼之而归诸道者也。"

（五）人文建筑　助力德育

如果你现在走进岳麓书院，可以看到讲堂上嵌存着朱熹题写的"忠孝廉节"碑，这是儒家的最高道德标准，无形之中引导着学生养成良好的行为规范，培养其爱国、孝顺、清廉的品格。书院讲堂上方悬挂着一副醒目的对联：

是非审之于己，毁誉听之于人，得失安之于数，陟岳麓峰头，朗月清风，太极悠然可会；

君亲恩何以酬，民物命何以立，圣贤道何以传，登赫曦台上，衡云湘水，斯文定有攸归。

上联教导学生需要有独立的价值判断，尽力而为以后不必计较得失成败；下联鼓励学生要有家国情怀，积极上进，奋力作为。对联蕴含人生哲理，拨动心弦。

书院中的学规碑也很让人注目。学规章程是书院德育最直接的体现，围绕书院人才培养目标而设置，通过树立准则、规范制度，使学生们在思想观念和行为方式等方面受到潜移默化的影响。岳麓书院推行的第一个正式学规是朱熹的《朱子书院教条》，其明确指出教育的根本目标是为国育才，并提出"修身""处事""接物"之要，作为学生道德修养的准绳。

与追求高大雄伟、金碧辉煌的官府式建筑不同，书院作为士人求

濂溪书院爱莲堂

学之所，重视人文环境的创设，追求朴实无华的文雅趣味。书院建筑多悬挂内容丰富、寓意深远的牌匾、楹联和碑刻，蕴含的人生哲理发人深省，形成了"文以载道""情景交融"的人文环境，因而能够引起生徒们的强烈共鸣，起到书本教育所不及的道德教化作用。

（六）考评制度　细致规范

《朱子语类》记载了一个朱熹坚持书院理想、不惜开除学生的故事。那是绍熙五年（1194）的一天，朱熹到岳麓书院，随机抽签，选择了两个士人讲《大学》。两人讲得语义俱不明晰，朱熹听不下去，骤然打断他们。他对在座书生们说，前人建书院，本来就是"待四方士友，相与讲学，非止为科举计"，书院目标是高于州学的，但现实看来却反不如州学，让他很失望。随后，他让书院教授们商量一下规程，开除这两个学生。"学校本是来者不拒，去者不追，岂有固而留之之理？"愤慨之情表露无遗。可见书院对学子学风、道德伦常十分重视，体现了中国书院制度重德行的传统。

宋代书院以德行与学业为考核内容。按照要求，学生要在学业课和德行课考试合格后，才能进入学院开展学习。德行考核主要有日常行为考察、道德品质考察等，有些书院还设有德业簿、改过簿等，通过簿书登记制度进行德行管理。此外，宋代书院多设有学规、学训等，通过这些办学准则、道德规范等对学生进行德育管理和道德考评。例如，吕祖谦的《丽泽书院学规》和朱熹的《白鹿洞书院揭示》，它们都把培养生徒的道德品性置于书院教育的首位，对生徒的言行举止作出了具体的规定。

为保证品德教育的顺利进行，书院还实行"课考"制度，指的是对生徒的德业进行考核，评定优劣，确定奖惩和升降的衡量体系。"课考"操作性很强，各书院有不同的"课考"操作环节，但从总体上看，可以分为请有名望的学者考察生徒的"他评法"和让学生自省的"自评法"两大类。

此外，书院也非常重视德业课考的落实，不定期的随意抽查起到了督促作用。刘绎《江西通志》所载《白鹭洲书院记》记载着相关规定：诸生各立日课簿，每日将下过的功夫登记到册子上，每个人根据自身情况尽力而为，关键在于要日有日功，月无忘之，书院将规定时间抽签稽查。同时，书院对生徒的德业状况进行跟踪记录，实行簿书登记制度，个别书院还设置了"好人好事""坏人坏事"记录簿，每月择要讲评。这种簿书登记制度具有每日记录，教师不会忘记，学生也可以查实等优点，为许多书院所采用。书院从儒家伦常出发，对生徒的言行提出了具体规定。

书院还制定了明确的奖惩规章制度。对于品学优异的生徒，书院一般将精神鼓励和物质奖励结合起来进行表彰。书院对德育考核不合格者，尤其是对破坏学风、败坏伦常的行为予以比较严厉的惩罚。如若生徒犯错，根据书院的学规教条相应规定，给予处罚，程序比较清晰。在德行方面的考核，对不合格者，尤其是对一些危及全体，或破坏学风、践踏院规、败坏伦常的行为，书院制定了戒饬、开除、鸣鼓驱逐、除名禀报官吏、永远不能入院学习应试等极为严厉的惩罚。

四、鼓励自学　追寻活水

复旦大学在 2005 年成立复旦学院，是新时代学校在全国率先实行"书院制"的代表。复旦学院承续中国古代书院传统，实施导师制，并引导学生在书院平台实现自我教育、自我管理。

这几年，全国有越来越多的高校参与进了书院制改革的进程中。目前，在全国42所双一流高校中，有20多所高校已经建立起了自己的书院，包括清华大学、北京大学、中国人民大学等知名大学。有专家认为，书院制也许是未来大学办学和育人的新模式。

为何古代书院制能获得当今时代的青睐？大抵是因为书院精神和教学方法契合现代教育理念，能为铸魂育人的教育事业注入养分。

书院的教学形式有什么特别的呢？最为典型的是自学质疑、讲学和会讲、日记教学法等，不仅培养学生的自学能力与独立研究能力，也培养学生的治学能力。

（一）自学为主　着重启发

按现代教学论，教学是一种"三体现象"，是教师、学生、教材三种因素构成的整体。在宋代书院，也进行着类似"三体现象"的典型实践：首先，书院都有着丰富的藏书，相当于"教材"；教师们借助书院藏书，说书讲学，在教学过程中起主导作用；而学生们则读书求学，在教学活动中起主体作用。

宋代书院教学的一个重要特点就是以生徒自学为主。研究者普遍认为，自学制是书院最常见也是最有效的制度。学生在山长或者教师的指导下认真读书，自行理会，独立作业，修身自好，教师在其中充当领路人和指导者的角色。就读书指导来说，绝非逐章串讲，而是重在启发诱导。

读书方法的指导是教师教学的主要任务之一。在书院，生徒们第一步就是熟读精思儒家典籍，并且尝试独立钻研。大师在聚徒面授时，只是提纲挈领地点拨一二，更为重要的是读书态度的引导和学习方法的传授。

有一天，朱熹的弟子陈希周向他请教读书修学的方法。朱熹回答说，读书的人，只要明白一个道理，治家有治家的道理，做官有做官的道理，虽然面上感觉不同，其实只是一个道理，就像水"遇圆处圆，遇方处方，小处小，大处大，然只是一水尔"。在多年的讲学中，朱熹也梳理出一套系统的"读书六法"，分别是"循序渐进、熟读精思、虚心涵泳、切己体察、着紧用力、居敬持志"，这六条读书方法影响深远，成为历代书院普遍采用的方法。

有人反问，朱熹指导学生读书、自学，都是强调学习圣贤之道，这难道不是因循守旧吗？事实上，对于经典的阐释，就是对于经典的再创造，从这个角度来看，强调自学、好学，注意培养学生自学能力，还是很有价值的。朱熹在教学中强调学、问、思、辨、行的统一，尤其注重"思"字。他认为只有通过"精思"，才能穷尽天下事物之理，既"知其然"，又"知其所以然"。朱熹指导学生读书为学的方法，为后世儒者所遵从，并有所发展。

在浙江省淳安瀛山书院，朱熹创作了脍炙人口的《观书有感》，全诗如下：

> 半亩方塘一鉴开，天光云影共徘徊。
>
> 问渠那得清如许，为有源头活水来。

诗中，朱熹以景喻理，深刻而又形象地表达了一种愉悦的读书感受。说明要心灵澄明，人们就得不断认真读书，不断获取新知，"有活水"，唯有此般才能达到崇高境界。

还有一点值得注意，书院从来就不是"一言堂"。书院教师认识到治学过程是一个发现疑难、解决疑难的过程，因此在讲学过程中，他们用阐发义理的会讲、答疑、解惑等方式，将自己研究儒家经典的心得、体会传授给生徒。他们特别倡导启发式教学，鼓励生徒问难论辩。如此，师生之间的质疑问难和生徒之间的互相切磋就成了学习常态。

著名的《朱子语类》大都是朱熹与弟子质疑问难的实录。让我们一起来看看师生间的"群枪舌剑"。比如，甘节问："饮食之间，孰为天理，孰为人欲？"朱熹说："饮食者，天理也；要求美味，人欲也。"又如，林用中问："那只要'涵养'，久了自然明理？"朱熹答："涵养"是内心修养功夫，"穷索"是向外体认天理，需要内外结合，共同推进，犹如车有两个轮子才能行，鸟有双翅才能飞，两者不可偏废，"涵养、穷索，二者不可废一，如车两轮，如鸟两翼"。与白鹿洞书院类似，在千里之外的岳麓书院，生徒学习也以自学为主，山长张栻和书院教师们都强调"学、问、思、辨"，提倡精读和博读相结合，以此调动

〔南宋〕刘松年《山馆读书图》 北京故宫博物院藏

学生的积极性。

在象山精舍，陆九渊受到佛教禅宗思想的影响、启发，在日常教学中采用了颇似禅宗"机锋"的谈话式教学方法，这也成了陆九渊教学方法的独到之处。用比喻隐语逼问，让学子印象极深，促其发生跳跃式联想，以期自己"顿悟"的谈话教学法，陆九渊运用得最多，取得很好的效果。

朱熹同样认为读书须有疑，指出，疑渐渐解，以致融会贯通，至都无所疑，方始是学，"往复诘难，其辨愈详，其义愈精"。在他看来，反复质疑，疑虑渐消，豁然开朗才是学习的高境界。陆九渊和朱熹可谓是学术上的"对头"，但两人在这个问题上达成了共识，我们看到陆九渊也坚持"为学患无疑，疑则有进"的观点。师生之间、生生之间、甚至大师之间习惯于开展质疑论辩，而学生们也在质疑问难、自由论辩中掌握知识、驾驭知识。这样的教学方法能有效地启发学生思维，提高其发现问题、解决问题的能力。

质疑问难这种方法后世一直沿用，不但教师质问学生，学生也可质问教师。书院还倡扬一种"不因庸人之言而废，不因圣贤之言而立"的精神。吕祖谦在丽泽书院讲学时提出，求学贵创造，要求学生自己独立研究，各辟门径。张栻主教岳麓书院时也反对读书盲从，强调独立思考。而朱熹为了表达自己的学术见解，敢于对《大学》作出新的补充辑录。这些都反映出书院重学术创见的特质。正是由于倡导重自学与启发、求突破和创造的教学方法，宋代书院才培养出了一批批有独立人格、独到见解的人，进而影响了社会风气与宋人精神。

（二）自由讲学　形式丰富

宋代书院大师坚持学术独立，对生徒的来去不加约束，相合则留，不合则去。讲学的内容多是讲学者自己的专长；主讲人不限于本院教师，可请名师做临时主讲或作专题演讲；听讲者不受地域或学派的限制，学子可以慕名师而至书院，书院亦因此为自己开辟了发展道路。

书院以讲学著称，书院讲学形式大致可分为三种：学术传授式的讲学、会讲式的讲学、宣传教化式的讲学。

学术传授式的讲学在书院内部进行，和现代学校教学情况很相似，目的在于阐发儒经意蕴、学派要领，一般由本院大师主讲。如朱熹在白鹿洞书院主讲，张栻在岳麓书院主讲，陆九渊在象山书院主讲。这是书院教授的重要形式，以院内学生为主，院外的学生也可以前来自由听讲，目的在讲授学术思想或阐释经义。

《象山年谱》记载了陆九渊在象山精舍升堂讲说的情况。早上一阵鼓响，陆九渊乘山轿而至，众弟子按序端坐，每人面前一个小牌写着姓名、年龄。数十上百的学生严肃不喧哗。陆九渊容貌神色端正，眼光锐利明亮，说经启发人心，弟子聚精会神，莫不动容。

这样的自由讲学是书院教学的基本形式。大师讲授，提倡少而精，用启发式、点拨式的教学方法；或提取精要，统括全篇，然后由学生自己专研细究；或选取重点，着重发挥，阐明意蕴，使学生领悟义理；或指明思路，讲明方法，令学生循路探究。

名师巨儒主持或自由讲学，都是为了传播学术思想，辩论学术是非，探讨学术真谛。学习者为了求学，慕名求教，常是一人讲学，四方之士都来听讲受教。朱熹和黄榦在白鹿洞讲学时，"庐山南北之士咸集"；陆九渊据山讲学五年，其间"来见者逾数千人"。

会讲式的讲学带有自由讨论的性质，学术性很强，很像现代的论坛。"会讲"是什么？张栻认为是"会见讲论"，朱熹认为是"会友讲学"，意思相似，是持不同学术观点的论敌或学友聚会，以"问难扬榷，有奇共赏，有疑共析"，达到推动学术探索和传播的目的。

"会讲"不但是南宋出现的一种学术活动形式，亦是书院独具的一种教学形式和教育活动形式，在学术史上、教育史上均产生了重要的影响。会讲的目的在于探讨、论证一个学派的精义，交流学术研究的新意，辨析不同学派主张的区别，是为了取各家学术之长，相互促进。这类会讲一般不限于某一书院，许多著名书院都兼容并蓄，聘请持不同观点的学者来宣讲，提倡不同学术流派、学术观点的论争。

乾道三年（1167），朱熹、张栻在岳麓书院会面，"朱张（岳麓）会讲"成了闽学和湖湘学两大派的思想交锋和学术论战。会讲对这两个学派的思想发展都起了积极的推动作用。朱熹称此次会讲期间，"日有学问之益"，朱熹的本体论（太极说）、道德修养论（持敬说）、心性论（中和说），均参考了张栻的观点。张栻在这次会讲中也得益很多，《宋史·道学传》中记载着，经过一番正面"较量"，张栻"相与博约，又大进焉"。朱熹、张栻能成为南宋理学集大成的两位著名学者，离不开互相切磋的彼此激发。岳麓书院也因"朱张会讲"后而更加闻名于南宋学术界，"士子振振向往以千数，时称潭州为邹鲁"。

历史上最有名的会讲是南宋淳熙二年（1175）的"鹅湖之会"——朱熹和陆九渊就教人之法展开了论辩。论辩之地还因此诞生了一座书院。朱熹与陆九渊的学术主张不同，但朱熹不囿于一己之见，"鹅湖之辩"后反而请陆九渊到白鹿洞书院登台讲学，这也是一场著名的会讲，发生于淳熙八年（1181）。这样的胸怀，也成就了朱熹的大师地位。

学派领军人物不仅自己登台讲学，还带领弟子参加学术研讨会，有时还让弟子登台演讲，犹如武打小说中的打擂台。生徒参加会讲活动，也是参加"社会实践"的一种机遇。各抒己见、共同探讨、能者为师的精神形成了良好的学习风气，开阔了学生的眼界，创造了有利的学习环境。会讲学术性质很强，争论也很激烈，这种学术盛会，对发展学术思想，推动学术研究，树立学术风气起着很大的作用。各个学派在争论中也得到完善和充实，从整体上促进了学术的发展。

会讲式讲学使名家的思想得到交流，学生们开阔了视野、拓展了胸襟、激发了学术兴趣，而且也使书院由单纯的教育场所转变为人文学术传播中心。

除了学术传授式的讲学、会讲式的讲学，第三种典型的讲学方式是宣传教化式的讲学。它以施行教化、改良风俗为目的，犹如佛教的和尚在寺庙讲经，基督教的牧师在教堂传道。这类讲学面向全体社会成员，没有身份、地域的限制。听讲者不限于本院生徒，院外学子都可以参加，甚至听众中也有农夫、樵夫、陶匠等百姓，遍及农工商贾各色人等。这种讲学打破了一般学院关门办学的风气，扩大了书院的教学范围和影响，使书院与社会积极互动，并使书院成为传播儒家思想的文化活动中心。

从某种意义上说，来听课的广大社会人士犹如一个松散的社团，而书院则成为这种社会团体的会所。有人把这样的书院称为讲会式的书院。

（三）日记教学　勤思明疑

近日，在金华第一中学，一本紫色封面的活页册引起了笔者的注意。封面上印着"明疑录"三个字，翻开一页，发现上半页为"录疑、释疑、明疑"区，下半页为学习交流区，包括"每日之疑""教师答疑"。册中学生有疑、教师有答。

学校以《明疑录》作为载体，开展作业链的闭环管理，从教师和学生两个维度强化作业落实，引导学生自主整理，学生明疑、教师释疑、同类归类，达到真正解决问题的目的。金华第一中学的《明疑录》就来自对南宋吕祖谦拟定的丽泽书院学规的继承。

乾道四年（1168）九月，丽泽书院创始人吕祖谦手定《丽泽书院学规》，定下规矩："肄业当有常，日纪所习于簿，多寡随意……凡有所疑，专置册记录。同志异时相会，各出所习及所疑，互相商榷，仍手书名于册后。"丽泽书院所提倡的"凡有所疑，专置册记录"，就是提倡学生关注学习中存在的疑点和弱点，及时记录和反思。《丽泽书院学规》同时提倡师生、同学之间及时交流讨论各自所存疑惑，在切磋中促进思考，解答疑惑，以提升学业。《学规》明确学生需要每天记录课堂或阅读中遇到的疑难问题，作为讨论的依据，哪些问题已经讨论过还要在笔记上签字标明。《学规》还要求已经毕业的学生平时要加强学习，一年中可以有一百天不记日记，超过一百天不记，则要求大家不把他当作同道。

儒家历来提倡"学思结合"，以促学业精进。丽泽书院这一学规不仅继承儒家优良学风，也与今日建构主义学习所倡导的"反思性学习"不谋而合，展现出其强大的生命力和强烈的现实意义。

在金华一中《明疑录》首页，教师还特意写明："丽泽文脉，伏延千年；前人风规，泽被后世。希望同学们能珍重先贤大儒流传下来的学问之道，博学审问慎思明辨，切实用好《明疑录》，日疑日明，日明日进。"传承与发扬的意味不言而喻。

对每日工作和学习复盘，是实行现代管理的公司的要求。"有复盘才有精进"，是现代西方管理学精要。事实上，中国古代书院就有这样的要求和做法，称为日记教学，这是与自学配套的一种教学形式。

吕祖谦的做法就是日记教学法的一个生动样板：书院要求学生记录日常，通过学生自己撰写的日记，考查学生每天的学习情况，进而有效指导学生进行自学。日记教学不仅要求学生独立记载每日读书心得，同时也要求学生对疑难问题进行记录。对于记下的问题，教师会定期进行批阅或解答。学生的日记可以直接作为成绩评定的依据，在日记中表现突出的学生还会受到奖励。据研究，这种教学法始创于宋代，这也是宋代自由之精神、创新之做法的又一个体现。

书院的教学以学生自学为主，质疑问难、互相切磋成为师生共同遵循的学习方式，而日记教学法便是书院具体运用的学习方法之一。比如，文天祥在安湖书院的时候，就采用了日记法进行学习，每天记录学业，给老师检查，以免懈怠。他在《安湖书院记》中有着"置进学日记，令躬课其凡，督以无怠"的记录。又如，朱熹在白鹿洞书院时就提到学生做读书笔记的事，以此为"日课"。将精思、涵泳、体察的心得、收获书写下来，既可自我玩味，更可呈教师批改指点。

　　也就是说，学生有所感悟，或不同意前人观点看法的，无论正确与否，都可以写在日记里。可见，日记教学在宋代已然成为书院常用的教学方法，并受到广泛的重视。后来，有些书院把学生每日所记读书的疑惑、心得加以整理、修改、精选后汇编成册，予以出版。以这样的方式肯定学生的自学自修，培养学生独立研究的治学能力和追求知识的兴趣爱好。这些书籍又成为学子们的工具书和参考书，也为后世的研究者提供了一系列的范本和研究材料。

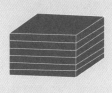

书院经营多良方

书院悠然 *SHUYUAN YOURAN*

宋代书院是建立了完备体系的一种文化教育组织，有师资管理、学生管理、教学管理、行政管理、经费管理等制度，确保书院高效运行。比如，挑选山长和师资要求德才兼备，入书院学习者需要考试并建立奖励、惩罚制度等等。

不同的书院，管理举措各有侧重，但也突显出一些共性：通过成熟的山长负责制、完备的组织体系、多元的经费渠道，保障书院正常运行。

一、山长负责　选任慎重

"万山磅礴必有主峰，龙衮九章但挈一领。"宋代书院的发展离不开"主心骨"，也就是山长的力量。宋代书院一般采用山长负责制，这是一种山长为书院领导核心的管理模式，和现代的校长负责制很相似，有较大的办学自主权，掌控着财政权、人事权等等。

"山长"这一称呼颇有仙风道骨的意味。为何把书院管理者称为"山长"？有人说，是因书院多创设在风景优美的名山，在书院讲学的又多是德高望重的年长学者，被尊称为山中长老，故曰"山长"。这个称呼最早来源于唐、五代时对山居讲学者的敬称。一般而言，山长都是懂教育的内行，他们是古代的教育家，形成了自己独具特色的办学风格。

事实上，书院的主持者有多种名称，如山长、堂长、洞主、教授、院长等，不同的地区、不同的历史阶段，倾向使用不同的名称。总体上："山长"是使用最多的称呼（除非特别注明，本书中把书院管理者统称为"山长"）；"堂长"是南宋时期的特色，因当时书院、书堂混用；"洞主"的称呼，源于白鹿洞书院，因白鹿洞地名而称；至于"院长"，即书院之长；而"教授"，本是地方官学学官的名称，有的书院主持人由地方官学教授兼任，就延用"教授"称谓。

谁当山长，一直是人们关心的热点，尤其是有名的书院，山长的推荐和任命十分慎重。山长是书院的代表，直接关系着书院学风的好坏、学术水平的高低和道德氛围的形成，因此往往要求山长"德艺双馨"，人品学识俱佳，有学术与道德的双重威望。

岳麓书院某堂长逝世之后，有位叫周愚的先生毛遂自荐，他是"颇能为诗""文采可观"的人，为此，官府找到一位名叫王炎的人商讨，请他为"掌门"候选人做专业能力认定。

王炎又是谁呢？他有什么能耐？王炎（1137—1218），号双溪，婺源（今属江西）人。王炎与朱熹相交甚厚，有很多往来之作，还与张栻讲论，人们非常看重他的学问。王炎一生著作颇丰，《全宋词》第三册还选了他52首作品。这位王先生的仕途也很顺畅，历官潭州教授、临湘知县等。

既然官府相问，王炎也就忠人之事，洋洋洒洒写了一篇《论请岳麓书院堂长》。他说自己不熟悉周愚的行事为人，不敢轻易作判断，"炎前此闻其人颇能为诗，至于学问之浅深，行义之优劣，炎实未能知之，不敢轻于所议"。在他看来，岳麓书院堂长任免一事其实官府可以自己决定，今天要与他商讨，可见官府很慎重。岳麓书院在当地久负盛名，堂长任命要考虑多方因素，与普通岗位要求不同："今湘中九郡，惟一书院，书院惟一堂长，先生以命世儒宗主盟吾道，士之一经品题者，身价便重，视他人所谓差充职事事体似不同也。"他还分析堂长需要的条件和具体要做的事，并要求看看乡里的"民意"。最后他说，如果周愚桩桩件件都符合，就不会有闲言了："如周愚果堪充上件职事，酌之乡论，出自使府，招之使来，人谁闲言？"

由此可见，书院负责人的任用需要考察多方面的因素，仅有文采、能诗文是远远不够的，"学问之深、行义之优"是必备条件，还要兼顾"乡论"民意，才能得官府差遣。这里虽未明言官府应依何种具体的制度选用堂长，但可以看到按章法行事的要求。

对山长的选拔如此慎重，究其原因，根本在于此人需要主持书院的教学与学术研究，亦多兼管理院务，比如主持祭祀、收藏刻印图书等工作，因此其学识的高低、人品的好坏直接影响书院的盛衰进退。

岳麓书院的首任山长周式，就因为"学行兼善，尤以行义著称"，而受到宋真宗皇帝召见，授官国子监主簿，并赐鞍马，享有殊荣。到南宋绍兴年间，大学者胡宏拒绝朝廷征召，"力辞召命，自请为岳麓书院山长"。之后，山长的岗位要求越来越高，不是品学皆优都不敢称山长。

书院的组织体系以山长为核心，非常精干，其人选历来备受重视。朱熹提出的"经明行修，足为多士模范"，成为山长公认的选人标准。为防日久生弊，某些书院还以硬指标来把关，或者要求有进士、举人、秀才等任职资格；或士绅推选、官府聘任，是官民制衡机制下的"士绅公论"；或实行聘任制，一年一任，并决定取舍去留。凡此种种，皆是为了从制度上保证山长的资质，使书院在一个德艺超群的领导者带领下不断发展。

总体来说，山长的任命主要有建院学者自任、官方任命举荐、地方公众选任三大类型。一种是地方名流、学者开帐授徒、创建书院并自任山长。如淳熙十四年（1187）陆九渊建象山精舍，自任书院山长。另一种是聘任式山长，即先由地方或他人创建书院再聘请名师主持。如乾道二年（1166），湖南安抚使刘珙聘请"湖湘学最盛"的张栻为岳麓书院主讲；淳祐六年（1246）白鹭洲书院请吉州名儒欧阳守道为书院首任山长，从此白鹭洲书院"声名德业，高迈前闻"。书院实行的山长负责制，突出了山长的学术影响和治学风格。如果把山长类比为企业 CEO，那相当于一种是董事长（主办者）兼 CEO，一种是被聘的职业 CEO。

事实上，到南宋中后期，书院山长一职渐由吏部差授，同时因为山长不是正式官员，因此多数让州县之学的教授兼任了，欧阳守道《白鹭洲书院山长厅记》有载："山长之未为正员也，所在多以教授兼之。"无论山长人员的来源发生了怎样的变化，总的来说，以山长为主的管理模式，仍然传承了下去。

二、人员齐备　管理井然

书院规模的扩大，呼唤更加齐备的教学和管理队伍。唐、五代书院初创时，主持人一般既是教学者也是管理者。随着书院不断发展，规模大了、生徒多了，组织机构随即扩大，管理和教学的人员也就有了更细更明确的责任分工。不少书院增加了副山长、副讲、助教等职位，协助山长处理书院有关事务。此外，宋代书院还有一大特色，那就是书院的管理人员常常专兼职结合，优秀学生可以兼职管理或者教学工作。

总的看来，乡村家族小型书院比较简单，可以只有山长一人，而官府组织的大中型书院职位较多。例如四大书院之首的岳麓书院，在宋代就设有山长、副山长、堂长、讲书、讲书执事、司录、斋长等职位。白鹿洞书院也有相似的组织架构，《白鹿洞志》有载，书院管理人员除洞主（主持人）之外，有副讲、堂长、管干、典谒、经长、学者、引赞、火夫、采樵、门斗 11 类，分工负责书院日常的教学、管理、生活服务等各项事务。

论及宋代管理组织最庞大、最完善的书院，那要数建康府的明道书院。它有一个庞大的管理体系，设有山长、堂长、提举官、堂录、讲书、堂宾、直学、讲宾、钱粮官、四计、掌书、掌仪、掌祀、斋长、医谕等共 15 种职位，其中前 4 种是书院的管理岗位，各安排了专门的办公场所。另有"职事位" 2 处，其他 9 种职事办公。山长位高权重，是书院的核心人物，主持教务，取舍诸生，每月三次课试及讲课时到院。堂长为其副手，犹如现在的执行院长，住院里，管理日常院务。其他各岗位分工明确，协助山长、堂长维持书院教学、研究、经费、祭祀、图书等各项工作正常运行。就连院中师生的身体健康也考虑到了，特别设置了"医谕"岗位，提供医疗保障。

所谓山长负责制，并不代表只有山长一个人进行管理，常配有斋长、经长、学长、分校等辅佐行事。这种管理体系多为适应分科教学而设，是书院教育专业化的产物。如白鹿洞书院，洞主、副讲之下有经长、学长司分教之任。设置经长 5 人，属经义斋，分教儒家五经；学长 7 人，属治事斋，分教礼、乐、御、射、书、数、律历之事。他们分级负责，学徒有了疑问先请教经长、学长，解决不了的问题再请教堂长、副讲、洞主等，"凡学徒有疑义，先求开示于经、学长，不能决，再叩堂长"。体系之完备、层级之严谨，令人叹服。

山长负责制在不同时期、不同书院又有不同的表现形式，如宋代潮州韩山书院。韩山书院前身是建于宋元祐五年（1090）的韩文公祠。

唐宪宗元和十四年（819），韩愈来潮州任刺史。当时，他置办乡校，开启潮州兴学育才之风，驱鳄除弊，扶持农桑，纾解民困，造福乡里，深得地方百姓拥戴。潮州人推崇他，将韩愈登临手植橡树的笔架山改称为韩山，韩愈驱鳄的恶溪改称为韩江。宋代潮州兴建韩文公祠，进行祭祀，于是有了韩山书院。《永乐大典》记载："潮人以思韩之故，而有庙祀，而有书院，匾以韩山。"

韩山书院的形制遵循并参考了白鹿洞书院，采取了洞主领导下的山长负责制，"洞主，郡守为之。山长，郡博士为之。职事则堂长、司计各一员，斋长四员"。在这里，洞主即郡守，是一级地方行政长官，也就是说韩山书院的山长要向地方政府负责。后渐成习惯，后世官府书院多采用此种管理模式。

堂长负责制为南宋所特有，当时书院、书堂混用，有些书院设置堂长执行山长的职能。乾道年间，张栻主讲岳麓，因他是胡宏的学生，为了尊重师长，不敢以山长相称。大概也就是从这时候开始，岳麓书院在很长的一段时间内就以"堂长"为名主持事务。又如九江濂溪书院，"招致名儒以为堂长，诸县举秀民以为生员，乃置田租以赡之"。一般而言，堂长位次居山长之下，其责在"纪纲庶事，表率生徒"。元明以后，堂长地位下降，变为学生首领，负责考勤、课堂记录、收集疑难问题等。

生徒参与书院事务管理，是宋代书院的一大特色。书院虽增设了职位，但专职人员不多，书院的一些事务就由生徒兼职承担。朱熹在修复白鹿洞书院时，就曾请学生林用中、黄榦、王阮等一同讲学；韩山书院曾"设斋长四名"，由品行端正、学业优秀的"斋生"担任，负责考勤劝善、执行学规。显而易见，书院吸收生徒参与教学和管理，可以减少专职管理人员、降低书院管理成本，也强化了书院的教育功能。

三、书院选址　山水之间

在古代，人们相信"人杰"与"地灵"是相辅相成的。著名的"孟母三迁"反映的便是家庭选址必须考虑环境对人的影响，因为环境可以影响一个人的喜好和习惯，既可以成就一个人，也会毁掉一个人。因此，书院作为学术文化中心，其选址自然而然成为书院建设的第一要务，环境创设也成了办学者的重要工作。

岳麓书院落叶下的古意

（一）书院选址　人杰地灵

中国传统的书院大多选建在风景优美的地方。如北宋四大书院之中，除了应天府书院，都在名山大川里。这与中国古代教育非常重视美育因素密不可分，人们相信美育对人的陶冶影响深远。文人读书不是简单地学习知识，更重要的是欣赏自然美，在大自然中陶冶性情、修养心灵，因此，选择读书环境就特别重要。《天岳书院记》中说"城市嚣尘，不足以精学业"，因此要"择胜地，立精舍"。理想的读书环境有两重要求：一是要美，山水之间，风景宜人；二是要静，超脱尘世，远离喧嚣。师生游学于山水之间，拥有旷达的心胸，感受天人合一的境界。

那么如何选择理想的环境呢？这离不开堪舆学。古代堪舆学家通过总结中国山脉水系的走势以及纳阳御寒的气候功能，艺术地概括出了一种背山面水、左右维护的理想格局，也就是建筑背后有山，左右有低岭矮冈，前面有河流蜿蜒经过，远处又有连绵的远山，建筑就位于这个山水环抱的灵秀之地中。冬季"背山"阻挡来自西北方向的寒风，夏季"面水"带来水汽清凉。

著名的岳麓书院、白鹿洞书院、嵩阳书院都建在山林胜地，以恬静的环境为背景，在自然中寓教于学。师生静心读书，发奋图强。如岳麓书院掩映在岳麓山东侧，院前有天马、凤凰二山分峙两旁，主轴线前伸至湘江西岸，后延至岳麓山巅，结合岳麓山地形，坐西朝东，深邃幽远，自然适中。岳麓山满山枫树，深秋一片火红，因唐朝诗人杜牧"停车坐爱枫林晚，霜叶红于二月花"描绘的意境，后山腰还建起了"爱晚亭"。又如白鹿洞书院位于庐山的西南角，整个白鹿洞书院位于五山一水的环抱中。四面环山，山峰回合，书院前贯道溪蜿蜒流过，气候环境宜人。再如嵩阳书院因其地处嵩山之阳，故而得名。其背后的峻极峰可作冬季北来寒风的屏障。左右由少室山和万岁峰维护，植被茂盛，对面的双溪河吹过来夏季南来的凉风，也可方便书院师生取得生产生活用水。

当然，也有一些书院并没有建在山林之中，而是大隐隐于市，闹中取静，与周围环境有所隔绝。当中最有名的要数北宋的应天府书院，虽经几次变迁，却一直位于商丘古城内。但是为了排除干扰，书院选建在远离繁华的角落，尽量与嘈杂的市井分割开来，这与那些依山傍水、隐居山林的书院选址有异曲同工之妙。

（二）建筑形制　清幽有序

德国大诗人歌德把建筑比喻为"凝固的音乐"，是人们精神文化外显的一种物化形态，以静态之躯向人们传达着美的多重体验。对于宋代的书院建筑来说，也是如此。宋代书院因为是文人创办或主持的文化教育场所，故建筑有别于宫殿、寺院、官府及宅第园林，用一句话形容就是"天然去雕饰"，讲求秩序、清幽与淡雅。

书院的建筑形制约定俗成，主要由讲堂、藏书楼、祭祀专祠、生徒斋舍等组成，形成了较为固定的模式。但凡有条件，书院也会建造园林，值得注意的是，有些书院本就是园林增建讲堂而成。宋人相信，自然美与人文美相结合，更能起到陶冶人的作用。这些传统的园林思想对于当今校园的园林景观设计，仍有许多可资借鉴之处，其设计符号系统是一座值得挖掘的"富矿"。

就建筑的组合形式来说，中西方大有不同。西方的建筑常以单栋出现，讲究立面造型和雕刻装饰。而中国古代建筑则强调要兼顾平面布局和群体组合，基本是由若干栋建筑围合成庭院，再由若干庭院组成建筑群。

低等级的书院、乡村蒙学一般只有最基本的教学功能，所以其建筑布局很简单，走进大门就是庭院，周围环绕作教学之用的屋舍。高

濂溪书院周敦颐墓前的石牌坊

等级的、规模较大的书院，一般有一条完整的中轴线，主体建筑沿着中轴线布置，采用最多的是纵深方向的纵轴线，也有垂直于中轴线方向的横轴线。主要的功能建筑，不外乎大门、讲堂和藏书楼，以及祭祀活动使用的庙、祠、堂等等。如若书院资金充足，还会精心打造景观性建筑，比如亭、廊、轩、榭和牌坊等点缀其中。

　　书院一般以讲堂为中心，而有祭祀功能的书院，祭祀孔子的建筑都在中心位置，有的干脆将讲堂与祭祀孔子的殿堂合二为一。祭祀其他人物的专祠一般布局在旁边和靠后的位置。除了祭祀孔子和主管学子才气的魁星，书院祠祀对象大致而言有三类：一是理学家，二是曾讲学于此或兴修学校有功者，三是乡贤。如濂溪书院为纪念周敦颐而建，是很典型的祭祀理学家兼有教学活动的书院；潮州韩山书院是纪念唐代韩愈曾任潮州刺史，造福于民；宜州龙溪书院是纪念北宋名家黄庭坚……这些书院凝结着地方教育的历史，也是教育精神的一种象征。

　　一般来说，书院布局有前学后庙式或者左庙右学式两种，其建筑大都是沿着一条轴线呈院落式布局。这样的布局一方面是受古代礼仪的影响，即通过轴线、层次、序列，以区别上下、尊卑、主次和内外；另一方面，通过不同的庭院组合，来满足不同用途要求。以此达到由序到敬的目的，形成一个有序统一的整体。如岳麓书院沿着一条风景中轴线布局，整个建筑群交叉围合，组成典雅的大小院落。嵩阳书院中轴建筑由南向北，形成五进院落，两侧分布斋、祠、堂等建筑。白鹿洞书院以圣礼殿为中心，以均衡对称的方式布置次要建筑，用走廊

应天府书院至圣先师纪念堂

将其连为一个整体，形成五组院落的完整建筑群。

书院中如果有文庙或孔庙的，祭祀孔子的大成殿是正规的殿堂，其他建筑都接近民居的建筑形式。书院建筑其屋顶以硬山顶、悬山顶较多，硬山顶即人们常说的封火墙。少数重要建筑如御书楼、讲堂等采用形制较高的歇山式，体现出古代文人低调、谦虚的品格。

由于区域文化和周边环境不同，书院院落布局、建筑结构和色彩基调都会呈现出一些差异。比如，书院外墙色彩南方多选用黑色、白色，而北方多选用青色、棕红色等中性色。这些颜色组合显得沉着，既有强烈的对比，又有着天然的调和感，彰显出朴素自然的文化韵味。如岳麓书院掩映于山林，与大自然浑然一体。粉墙黛瓦，配以山水花木，犹若水墨画轴。书院中唯一形制较高的建筑——御书楼，采用歇山重檐的结构，充分体现了它的核心地位。

又如嵩阳书院内的建筑古朴大方雅致，具有浓厚的地方建筑特色，与中原地区众多的红墙灰瓦、雕梁画栋的寺庙建筑截然不同。滚脊的屋顶形式在古代多为平民的居住建筑，嵩阳书院采用如此的建筑体现了文人的谦虚谨慎不张扬，表现书院招收生徒不分贫富、不分贵贱、不分老少、兼收并蓄的特点。

（三）书法艺术　宣文载道

宋代白鹭洲书院有一副楹联：“智水仁山，日日当前呈道体；礼门义路，人人于此见天心。”这出自宋理宗的御笔。那时，文天祥在殿试中一举夺魁，理宗皇帝为喜得栋梁之材，挥笔而作，发出“国之祥，宋之瑞也”的由衷感叹。

宋代士子的心态及追求很大程度上受皇帝影响，因此皇帝赐额赐联，大大提振了读书人的信心。赐匾与楹联这一行为，不但提高了书院的知名度，吸引来更多士子求学，而且给书院生徒提供了书法学习

白鹿洞书院正学之门

的范本，有利于推动书院的书法教育。白鹭洲书院便是一个典型例子。

宋代书院建筑中的书法作品，使得书院处处体现出浓厚的文化气息，蕴含了宋代书院重视治学统序、尊崇学术自由、重视道德感化、注重修身明理、力求师生关系融洽等人文价值追求，彰显和弘扬宋代理学的文化精神。书院诗情画意的境界营造，也离不开这些人文景观元素。书法美育延伸到书院生徒的听讲、读书、课余休闲以及生活起居等各种生活场所之中，并与之紧密结合，充分发挥了书法"宣文载道"的功能，也是古代文人寓情于景、抒发情感的方式。

匾额楹联是尤为重要的元素。书院大门、讲堂、藏书楼、专祠和斋舍等建筑的显著位置上，都悬挂有匾额楹联。使用大量的匾额、楹联做装饰，能够反映书院的悠久历史和学派师承关系，肯定了书院的学术地位和社会影响，这些都会在学子心中激起强烈的自豪感和责任感。作为书院中心的讲堂，通常高悬"文渊道脉""学理源流"之类的匾额，以传达教化之精神。

书院为了扩大影响、提高书院的知名度，也会恳请御赐匾额楹联，同时也会邀请当时的著名书法家书写，或者请本地官员以及当地有影响的文人书写。这些"重量级"的匾额楹联，与书院建筑和办学特色巧妙地融合在一起，成为宋代书院独特的环境育人方式。如北宋大书法家黄庭坚曾为程颐讲学的重庆北岩书院题写"钩深堂"匾额。黄庭坚取《易·系辞上》中的"钩深致远"之意，赞扬程颐讲学精深独到。"钩深堂"后来也成为程颐弟子尹惇所创立的北岩书院的一处人文景观。

书院碑刻是宋代书院书法景观的另一大类内容，一般集中放置在讲堂上的居多，碑刻多的书院则设有专门的碑廊。重要的碑，如御碑之类还专门建有碑亭。碑刻为书院增添了朴实、整齐、庄严、肃穆的文化气息。宋代书院的碑刻比较丰富，主要有院记碑刻和诗赋碑刻两类。《陈氏书堂记》《洪州华山胡氏书堂记》《江西德安陈氏书堂记》等书院碑记，不仅作为一种特有的文学体裁记述了书院的发展及教育概况，通过文字传承书院办学精神，还以书法碑刻的艺术形式留存在书院中，成为书院书法景观的一部分，作为一种隐性书法教育方式留存于书院中。由于宋代书院注重诗文教育，定期举行讲会及从游雅集，产生了大量的参与书院教育的文人墨客题留书院的诗赋类碑刻，这也是书院珍贵的文化遗产，营造出处处充满书卷韵味，典雅高洁精神境界的隐性的教育环境。

摩崖石刻特别值得一说。相对于匾额楹联，由于它们镌刻于石质材料之上，更有利于历经朝代更替流传下来，现如今留存在各地书院中的宋代摩崖石刻仍十分丰富。摩崖石刻虽是三言两语，却光大了书院的人文精神。其中最具代表性的当属白鹿洞书院摩崖石刻群，这些摩崖石刻，大都出自王羲之、颜真卿、黄庭坚、朱熹等名家之手，成为一段凝固的历史。这些摩崖石刻与书院自然环境融为一体，在传达哲理教育内涵的同时，也以书法景观的形式进行着潜移默化的书法教育。

书院中保存的大量碑刻、题额和铭记，有篆、行、草、隶、楷各体，不仅反映了汉代以来中国书体的演变历程，还可以从碑刻的字里行间读出立碑人的思想和社会地位；在我国古代书法史、碑刻史和雕刻史上占有重要地位。

另外，景点与建筑的题名也颇见匠心，隐含着深刻的人生哲理和备受推崇的高尚品质。白鹿洞书院和岳麓书院坐落于山林，学子托物言志，诗意命名。白鹿洞书院利用贯道溪水环境创造"流芳桥""枕流桥"等多座石桥，桥下溪水奔流，石上有朱熹题刻的"漱石"二字，附近有自洁亭、枕流亭、闻泉亭、原泉亭、钓台亭、寒泉亭等景致。岳麓书院有"书院八景"，分别是：风荷晚香、桐荫别径、桃坞烘霞、柳塘烟晓、曲涧鸣泉、碧沼观鱼、花墩坐月、竹林冬翠。

由此可见，宋代书院作为特有的教育组织，选址或依山或傍水，以期营造宁静的学习氛围。建筑布局呈中轴对称的院落布局，基本符合中国古典园林特征，也可以看出等级观念影响的烙印。与此同时，院内点缀着的匾额、楹联、碑刻，展现出书法审美和历史印迹，形成丰富的景观文化，强化了书院特有的人文底蕴。

四、经费来源　渠道多元

说到书院办学，经费来源总被人关注。巧妇难为无米之炊，士子多清寒，需要办学者提供经费，"教""养"结合。经费对书院办学有多重要？经费关乎着日常的有序运转，更影响着书院的办学水平，也决定着书院的生命链长短。

宋代是我国书院制度创立和发展的重要阶段和关键时期。当时书院已经形成了完整的经费制度，最大特征是"多渠道拓展，多元化经营"。宋代书院的经费来源、使用及管理等方面，都大体形成定制，并为以后历朝所沿用。其经费主要来源于朝廷和地方政府的拨付、民间捐赠以及书院产业自营等途径。

古代书院创办主要用于私人讲学、藏书，主要也是私人出资。但伴随着书院的变迁，书院的作用逐渐发展为对民众、社会的教育和感化。这样一来，官府意识到书院有益于维护其自身的统治。所以宋代朝廷广泛采取了赐币、赐田、赠书、赠匾等各种方式加强对书院的支持，同时也是加强控制和管理。从另一个角度讲，为了永续发展，书院也必须探索一条"以我为主"经营院产、筹措资金的途径。

从资产与经费的角度说，书院是文化教育组织，发挥着教化地方、培育人才的作用，有些影响较大的书院还是地方经济活动的主体，甚至影响地方的经济秩序。

（一）拨置学田　支持褒扬

书院兴起后，它在文化教育、社会治理等方面的作用逐渐为历代统治者所认识、所重视。通过政策引导、经费支持、加强管理，赐田、赐币、赠书、赠匾等方式，将书院纳入官府控制中，让其补充官学之不足。

"有屋以居，有田以养"是书院建设者的目标。"书院不可无田，无田是无书院也"，明代中期文学家李东阳在《白鹿洞书院新志》中这么形容学田和书院的关系。学田的地位不言而喻。

学田是什么？所谓学田，是指书院和州县官办学校所用的田地。

宋度宗坐像轴（《历代帝后像轴》） 台北故宫博物院藏

学田是书院赖以生存和发展的物质基础，是书院其他各项事业的前提和保证。尤其在古代，土地是重要的生产资料。

设学田以赡学的制度就是学田制。作为中国古代办学经费的一种恒定来源，学田制始于宋代，以后历代均有发展和完善。由官府拨的学田，因体现皇恩浩荡，通常称为"赐田"。这种由朝廷赐予的学田得到官府或朝廷的认可，地方强权不敢轻易霸占，而且赐予的学田一般面积大、土质好。

历史上有不少关于书院赐田的记载。早在五代时期，南唐后主李煜就向白鹿洞学馆赐过地，"割善地数十顷，取其租赁给之"。到北宋，赐地就更多了，如景祐二年（1035），重修太室书院，赐额"崇阳书院"，赐田1顷，并赐衡州石鼓书院院额及学田5顷。宋仁宗庆历三年（1043），改应天府书院为应天府学，赐田10顷。宝元元年（1038），又赐太室书院学田10顷。皇帝还命令官府拨田地给书院，如宋度宗亲书福建龟山书院门匾，又传令地方官"拨田养士"。

在宋代，除了中央政府，属地政府也经常为书院拨置学田。如潭州太守李允则在扩建岳麓书院时辟水田以供需求，这是岳麓书院置办学田之始。南宋朱熹任湖南安抚使时，又为岳麓书院置学田50顷。淳熙十三年（1186）春，石鼓书院建成，提点刑狱宋若水怕书院经费不足，不能长久，拨付书院学田2240多亩，让会耕作的农民耕种，地租以助书院，廖行之《石鼓书院田记》对此有所描述："是恐不可久，乃籍在官闲田归之……怂恿会有习佃常平田者，因界之书院，使入租于官，取其赢为养士助……田以亩计，二千二百四十有奇。"可以看出，朝廷和地方政府赐予的学田是书院一项稳定、持久的经费来源。

官府除了赐予书院一定的学田，也会直接向书院赐予钱财，它是书院最直接的费用来源。那么官府拨款额度怎么确定？这主要依据各个书院的声望和水平，名声卓著的书院往往得到的资助就多。如周应合《景定建康志》所载，南宋景定年间官建建康明道书院，建康府每月"拨下赡士支遣钱五千贯十七界官会并芦柴四十束"。

淮海书院是宋淳祐年间由太常寺少卿龚基先首议创立的，院址在镇江北固山西凤凰池上。该书院的设立是为了收容、培养避难京口的淮乡学子，以龚基先为首的乡绅皆捐金资助。被后人骂为"权相"的贾似道也做了一件好事，他任两淮制置使时，又拿出五万贯资助，还提供了沙芦场两所。难能可贵的是，书院后来还得到了宋理宗所书的匾额。

史料载，宋代政府经常直接参与书院的兴建与维修。如乾道元年（1165），潭州知州兼湖南安抚使刘珙动用政府资金，并令潭州州学教授亲自经营，只用半年时间让岳麓书院"大抵悉还旧规"，完成重建工作，并"定养士二十人"。景定四年（1263），累官至参知政事的姚希得重修明道书院，"门楼、门廊、墙壁，粲然一新，总费一万一千一百二十缗，米三十斛"。

除了赐予学田、赐予钱财之外，官府也会赐予书院一些书籍、匾额和名画。这既可以体现官府对学术的尊重，又可以体现官府对书院的大力支持。获得赠物的书院都是当时颇负盛名的书院。特别在宝元元年（1038）及以后的60余年的时间内，朝廷连续不断地通过赐田、赐额、赐书、召见山长、封官嘉奖等一系列措施对书院加以褒扬。

（二）民间捐赠　重要来源

官府的拨付具有一定的象征意义，但真正使书院建成的还是地方精英与民众，用现在的话说，就是群众的力量是无穷的。普遍意义上，民间的捐赠是古代书院经费的主要来源，也是书院经费中最主要、最稳定、最广泛的渠道。民间捐赠的主要形式是给书院捐赠银两、田产及店铺、义工投入等。在宋代书院发展的过程中，民间捐输一直是书院开创、修复和日常运作的重要经费来源，重要性不言而喻。

以北宋期间书院最为发展的江西为例，庆历至靖康年间（1041—1127），共创建24所书院，其中仅有赣州清溪书院为知州所建，其他20余所书院均由民间力量所建。又如应天府书院，主要由曹诚个人捐款所筹建，"宋城富人曹诚者，独首捐私钱，建书院城中，前庙后堂，旁列斋舍，几百余区"。

私人向书院捐赠土地作为学田，捐赠银钱作为经费的事例很多。一些官员、绅士、商人把捐资助学当作公益事业乐于做贡献。乐捐书院建设者中，既有拥有一定功名的地方绅士，也有普通士人，还有农、工、商等各色人等。同时，书院将捐助者的大名载入书院志，或以其他方式回报，政府也嘉奖捐资书院者。这些方式激发了民众捐资的积极性。

（三）书院自营　日常运营

一般而言，官府拨付和民间士绅捐赠大多发生在书院成立的时候，这些拨付或捐赠的物资除部分用于书院自身的建设和维持日常运营外，剩余部分多用于购买产业,其中最为主要的是购买土地,以求长期获利。

书院自营指书院对其自身的财产进行自主经营所获得的收入。书院自主经营形式主要包括出租田产和房屋、生息、刊印出版书籍等,这为书院的运营提供了良好的资金保证。大部分书院通过出租其田产、房屋等来获得固定的收益。通常是招人承租学田,书院收取地租应对日常开销。

另一个方法是生息。书院将所收的租金,连同现银,除了留取部分当前所用,其余交给当铺或盐商去做生意,从而获取利息作为部分书院经费。如《浙江通志》载,钓台书院就由官府捐帑五万缗,放贷"月收其息,以助养士"。宋人钟兴在《作新书院记》谈到书院借贷钱款获取利息,筹集书院经费,黄棨"预代他司钱五十万为博易",这里"博易"就是指放贷经营。

除了以资产生钱,书院还有一种得天独厚的"生钱之道"——生产图书。生产图书是书院职能之一,《唐六典》称,设置书院旨在"掌刊缉古今之经籍,以辨明邦国之大典,而备顾问应对"。书院经常刊刻本学派大师的著作或辑录师生研究成果,如宋淳熙年间,衡州石鼓书院山长戴溪与学生一起记录所闻成《石鼓论语问答》3卷,颇受学子与社会欢迎。书院出版的图书质量好,销路也好,能够给书院带来可观的经济收入,书院因此也很重视刊印图书。

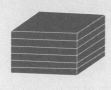

书院悠然 SHUYUAN YOURAN

名人名院相辉映

在宋代，如果我们要了解"道统、文统、政统、学统"四者之间的关系，应该聚焦哪个场所？书院可以说是一个最为合适的选择，原因在于它极致彰显出了政统、学统、文统和道统的内在关系和逻辑。书院作为我们了解宋代文化生活的一条线索，贯通"上下"：上至庙宇殿堂，承帝王朝廷之意，下至市井生活，与寻常士人紧密相关。

其中，著名书院往往与名人相连，范仲淹与应天府书院，朱熹与白鹿洞书院，最为典型。名人助推名院发展，两者相得益彰。

一、四大书院　皆为传奇

1998年，国家邮政局举办了志号为1998-10的特种邮票《古代书院》首发仪式，"四大书院"分别是应天府书院、嵩阳书院、岳麓书院和白鹿洞书院。

但其实，宋代以降，人们对"天下四大书院"并未完全形成共识。究竟宋代哪几所著名的书院可称为"四大书院"呢？厘清这个问题，有助于我们进一步领略宋代书院的精彩多元，感受宋代思想领域的兼容并蓄。

其实在北宋的时候，并没有"四大书院"这个说法。一开始，只是北宋文学家杨亿在《雷塘书院记》中列举了当时鼎峙于江南的三所

1998-10《古代书院》邮票

书院，分别是设在江南东路的雷塘书院（雷湖书院、雷塘学舍）、江南西路洪州的东佳书堂（陈氏书堂、义门书院）和江州的华林书院（华林书堂、华林书斋）。这三所书院的卓越之处在于它们都得到过朝廷的"认证"，也都有不少文人雅士为之笔墨记述。杨亿认为三所书院势均力敌，并驾齐驱，"讲道论义，况力敌以势均；好事乐贤，复争驰而并骛"。

南宋诗人范成大最早提出了北宋四书院这个概念。他在乾道九年（1173），起意云游湘桂地界的名山大川。第一站岳麓山，第二站衡山。他将这段经历见闻写成《骖鸾录·衡山记》，提到天下有书院四所，分别是徂徕、金山、石鼓、岳麓。这四所书院中，除石介之徂徕书院外，其余三所均获得了"官方认可"，得到过朝廷的赐敕。

随后不久，淳熙六年（1179）理学家吕祖谦提出了不同的观点，在他看来，白鹿洞、岳麓、应天府、嵩阳才是天下四大书院。这里还有一段轶事。当时，朱熹正在紧锣密鼓地修复白鹿洞书院，朱熹请吕祖谦为他兴复白鹿洞书院记下一笔，也可以理解为"造势"。吕祖谦不负好友所托，撰写了《白鹿书院记》，对"四书院"之名号花落谁家给出解答："斯民新脱五季锋镝之厄，学者尚寡，海内向平，文风日起，儒先往往依山林，即间旷以讲授，大师多至数十百人。嵩阳、岳麓、睢阳及是洞为尤著，天下所谓四书院者也。"

范、吕皆为学界名人，两个论断的提出时间也不过相隔六年，为何差异如此之大？看来四大书院的提法并没有统一的标准，存在着很强的主观色彩。

到了宋末元初，王应麟在《玉海》中提到"四书院"时说："宋有戚氏，吴有胡氏，鲁有孙、石二氏，各有道德为人师。"他又引述了吕祖谦关于天下四书院的见解，继而又宕开一笔，在白鹿洞书院条目下叙了东佳书堂，在岳麓书院条目内叙了湘西精舍、南岳书院和石鼓书院。算起来总共列举了12所书院。也是宋元时期，学者马端临撰写的典章制度史《文献通考》，把白鹿洞、石鼓、应天府、岳麓列为天下四大著名书院。

虽然北宋的名书院肯定不止四所、六所、八所，但从大家最为接受的角度考虑，还是可以有个基本的轮廓，北宋的天下四大书院分别是：应天府书院、岳麓书院、白鹿洞书院和嵩阳书院。其中前三所，基本没有争议。至于嵩阳与石鼓书院，则没有达成共识，不同的专家学者坚持不同的评判标准，自然有着不同的评判结果。

到了南宋时期，书院蓬勃发展、一片向好。名儒们在长期兴复创建书院的实践中，逐渐明确了书院的建设目标，实现着自己的书院理想。各地涌现出很多值得效法、推广的典型。清代学者全祖望对"南宋四大书院"有过梳理总结。《鲒埼亭集》载："予尝考其始终、盛衰、兴废之详，有北宋之四大书院，有南宋之四大书院……谓岳麓、白鹿以张宣公、朱子而盛，而东莱之丽泽、陆氏之象山，并起齐名，四家之徒遍天下，则又南宋之四大书院也。"显而易见，全祖望把岳麓书院、丽泽书院、白鹿洞书院、象山书院作为书院建设的榜样。和北宋相比，这一时期的书院有什么共性呢？简要地说，当时的理学家们和书院更加紧密地结为一体，"一体化"的发展特点赋予了书院更浓厚的学术教育色彩。

但有一点需要我们尤为注意，拘泥于书院的名头本就是一件舍本逐末的事情。我们了解宋代书院，不仅是饱览当时的书院生活、书院教育，更是体会书院文化的源远流长与书院精神的隽永相续。撇开所谓的头衔不谈，宋代星罗棋布的书院，无论规模大小，无论"出身"如何，毫无疑问都是宋学精神的载体。关于这一点，著名思想家、历史学家钱穆在《中国近三百年学术史》中有过详细的表达："宋学精神，厥有两端：一曰革新政令，二曰创通经义，而精神之所寄则在书院。革新政令，其事至荆公而止；创通经义，其业至晦庵而遂。而书院讲学，则其风至明末之东林而始竭。"此处"荆公"是王安石，"晦庵"是朱熹。钱穆高度评价了宋代书院在承载和传播宋学精神方面的独特作用，特别是推动了"创通经义"以及新宋学的发展。

"四大书院"为我们了解书院、走进宋代的书院生活提供了一个"小切口"。通过著名书院的"中介力量"，我们有机会"拾级而上"，了解到更多同样出彩，甚至在某些方面更具代表性的书院。鹅湖、茅山、华林、雷塘等书院也许不是标准的"网红"打卡地，但它们在学术思想、教育理念方面的水准及其在整个书院发展史上的地位与作用，同样流光溢彩，不可小觑。

二、应天府书院——最高学府，人才摇篮

对于封建时代的读书人，书院并非是一个"必选项"。但是，由于书院政治地位的影响与其特殊的学统价值，许多年轻人心向往之，渴望经过书院学习，或学问日进成为大儒，或科举中第青云直上。

宋代科举考试形式和内容的改变，让民间私学面临"本领恐慌"。当时，科举迎来了"扩招"，也就是扩大取用范围，这对广大士子来说是个利好消息。但是考试内容和集大成性远超前代科举。国家如此选拔，是为了识别可堪重任的"后浪"补充进官吏队伍。然而，唐代以来的私塾私学资源有限，面对宋代专精兼通的要求，私学的先生们难免少了底气。俗语有云：老师领进门，修行在个人。如果老师自己能力不足，引领学生就无从谈起。

与之相较，书院优势明显。书院往往历史悠长：藏书方面，积累了大量前人注释的典籍；讲学方面，能够系统性地帮助学生理解、掌握儒家经典。更为关键的是，书院讲究传承，人脉资源优势突出，邀请通过科举的臣子回书院"开讲座"，这不就相当于了解了"真题"？因此，"官进民退"，从私学走向官学，书院一时间成为民间教育机构发展的必然趋势。

一般认为，书院官学化在元代成为一种普遍趋势，并于明清时达到顶峰。实际上，书院官学化最早可以追溯至北宋应天府书院。

应天府书院又名睢阳书院、南京书院，为当时中州一大学府，位于今天河南省商丘市商丘古城西北角。《宋会要辑稿》称商丘，"实一方之都会"，交通发达，自古就为战略要地。根据《商丘县志》描绘，睢阳"南控江淮，北临河济，彭城居其左，汴京建于右，形胜联络，是足以保障江南，襟喉关陕，为大河南北之要道焉"。商丘地理位置优越，城市繁华，可见社会发展、经济繁荣为书院的发展提供了基础条件。

应天府书院正门

应天府书院的前身"南都学舍"创建于五代后晋天福六年（941），创办人是宋州虞城的一位乡绅杨悫。《宋史》等史料记载，当时天下大乱，杨悫"力学勤志，不求闻达"，聚众讲学、热心教育。其间，宋州太守赵直鼎力相助。南都学舍成立后，培养了一大批人才，其中包括名儒戚同文，他在杨悫去世后，接过衣钵，传承并发扬了老师的办学事业。他执教南都学舍之时，门生中有五六十人及第登科。书院更加门庭若市。

杨悫、戚同文两人的聚徒讲学，开了宋州地区兴教重学之风气，也为应天府书院的诞生奠定了基础。

（一）由"私"转"公"　最高官学

北宋王朝建立后，宋真宗景德三年（1006），宋州升格为"应天府"，顾名思义，取的是"顺应天命"之意。《宋史》对于应天府的兴旺繁荣有过记载："崇宁户七万九千七百四十一，口一十五万七千四百四。"因为北宋时期，人口只统计成年男性，因此大多数历史学家认为，北宋南京应天府应有人口九十余万，属实是繁华的"一方都会"。

据《续资治通鉴长编》所载，宋真宗大中祥符二年（1009），当地一位名叫曹诚的富豪出银300万两，用于南都学舍的扩建工程。捐资的动因是什么？原来，曹诚曾在南都学舍学习，他感恩老师们的栽培，也十分感谢书院教育对他人生的塑造。曹诚的捐资助学无疑让应天府书院的发展势头更盛。扩建后的书院，房舍150间，聚书1500卷，广招天下名士。更难能可贵的是，曹诚也很有情怀，主动将南都学舍捐给地方官府，并提请让戚同文的孙子戚舜宾主管学舍事务。此举有点"让专业的人干专业的事"的意味。

应天府知府将此事上报到朝廷，宋真宗高度评价，赐额"应天府书院"。此举可视为应天府书院官学化进程中的标志性事件，由"私"转"公"，改名升级，转身成了全国最有影响的高等学府。

那么，官学具体指什么？官学有一些特定的标志，比如官府委派教师，官方提供经费，政府规定教育方针与具体内容……通俗地说，书院官学化，也就是政府通过行政手段、经济手段等，改变私人所办书院的性质。

如果说颁匾赐名、委任山长和助教是行政手段，那么拨置学田就是经济手段了。在把学田作为师生教学和生活开支的来源方面，应天府书院经验独到。北宋初年，戚同文、曹诚、戚舜宾等相继担任书院主讲，他们均十分重视扩充书院学田。官学化后，书院除了接受私家捐赠，也通过接受地方政府划拨和皇帝赐给等方式扩充学田，提高集资办学的能力。到了天圣五年（1027），据统计，应天府书院共拥有1800亩学田，其中由中央政府颁赐和地方政府划拨者占了半数以上。

仁宗天圣三年（1025）发生的一件事，标志着书院一步步向科举靠近。那一年，应天知府李及上言："本府书院，甚有学徒，自建都以来，文物尤盛，欲望量于发解进士元额之外，乞添解三人。"所谓解额，就是士人通过各类考试以后，得以参加省试的名额。增加三个解额给应天府书院，有点类似于现代社会的保送制度，把应天府书院当作科举人才的"蓄水池"加以关注。李知府的申请最后得到了朝廷的准可，也更加体现了应天府书院向科举靠近的发展趋势。

从自适性的角度考虑，应天府书院也在教学目标、教学内容方面作出调整。学院的基本课程是儒家经典《诗》《书》《礼》《易》《乐》和《春秋》。范仲淹在《上时相议制举书》中提出"夫善国者，莫先育材；育材之方，莫先劝学；劝学之要，莫尚宗经"，意思是：善于治理国家的，没有比培育人才更重要的；培育人才的办法，没有比鼓励人努力学习更重要的；鼓励人努力学习的办法，没有比以儒家的经书为标准更加

应天府书院院内一景

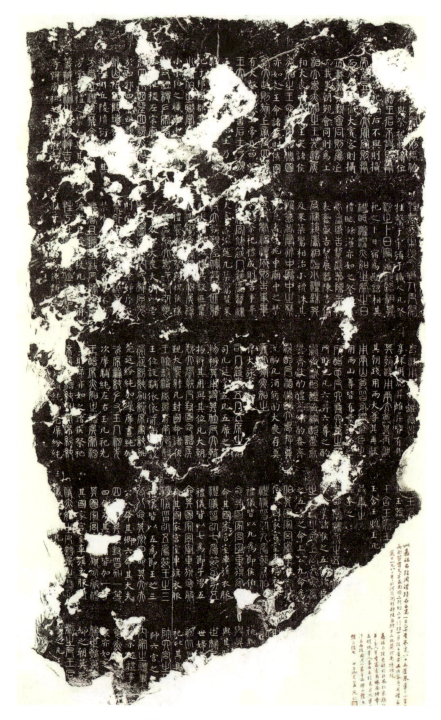

〔北宋〕《嘉祐石经·周礼》残石　河南博物院藏

重要的。如此，应天府书院便成为了官府养士的地方。

（二）改革试点　影响广泛

"官学"地位的确立，让应天府书院声名远扬。仁宗景祐二年（1035）书院改为府学，正式编入官学系列，并赐学田10顷，充作学校经费。林表民在《赤城集》中记叙了应天府书院的办学成果："生徒实繁，规模大备，风教日盛，诗礼日闻……得非兴学明道之显效欤？"

宋仁宗庆历三年（1043），应天府书院百尺竿头更进一步，升格成为南京国子监。此时，它的地位远高于一般地方学校，与东京（开封）、西京（洛阳）国子监并列为三所国家最高学府。这样一所最初由个人创办的私立书院，若不是对全国教育发生过显著的积极影响，根本不可能受到朝廷如此重视。

如何看待官学化后应天府书院的作用？首先，可以断言的是，书院官学化在国家文教控制和士子归心方面无疑有积极作用，培养了一大批志存高远、可堪大用的青年才俊。

其次，作为最高官学的应天府书院，也相当于宋代初期教育改革的试点单位。举个例子，它是"庆历新政"中提出的"精贡举"改革的"试验田"。当时范仲淹已经官至参知政事（相当于副宰相），他提出"精贡举、择官长"等十项改革主张，采用了胡瑗的"苏湖教法"以改革当时的教育。这种进步的教育思想、教学方法率先应用于已经升级为"南京国子监"的应天府书院，实践的经验对之后的书院教育产生了直接的指导作用。得益于这项改革，许多地方官学一改崇尚辞赋的浮夸学风，更加重经义、重时务、重实际。

我们看到，随着应天府书院发挥改革试验田的功能，宋初书院万象更新、逐渐繁荣。

（三）一流学府　人才辈出

应天府书院的办学成绩也没有辜负它的名气，书院生徒相继登科，这一盛况被形容为"魁甲英雄，仪羽台阁，盖翩翩焉，未见其止"。据《宋史》相关记载，北宋期间，应天府出的进士有记录的就达30多人，仅北宋有据可查的状元就多达7位，梅尧臣、欧阳修等名臣也曾在此读书。

当下不少知名学者，学成后回到母校任教，这在宋代社会也是如此。不仅读书人对应天府书院趋之若鹜，优秀校友也以回到书院执教为荣，就此形成了一个优秀的人才培育闭环。应天府书院的盛名一发不可收拾，堪称北宋时期的"一流大学"。《宋史》载，太宗时许骧的父亲，目不识丁，从旁人口中得知南都学舍（即后来的应天府书院）环境清雅，名师执教，办学有方，就主动送儿子去读书。许骧经过老师的耳提面命，13岁便"能属文，善词赋"，后来功成名就，仕至工部侍郎。

名师是名校的支撑，让我们看看应天府书院的师资队伍：政治家范仲淹和富弼、文学家晏殊、教育家胡瑗和孙复……名师巨儒学术见解不同，在书院各抒己见，有利于学生对各种思想兼容并包。而且执教的教师们很多是通才，擅长不同的领域，起到了弥补学术上褊狭的重大作用。因此不难理解，应天府书院培养的人才不仅有哲学家、文学家、教育家、学者和诗人，还有政治家、军事家、医学家等等。

针对生师比紧张的问题，应天府书院采取了灵活的学籍管理模式。学生有充分的自主选择权，随意流动，来者不拒，去者不留。好学校的底气和"脾气"得以窥见。

根据学者统计，将近一千年的时间跨度中（941—1905），应天府书院大约培养了3万余名学生。这其中有著作传世的杰出人物达100余人，宋代的许多著名人物位列其中，如苏舜钦、晏殊、范仲淹、胡瑗、欧阳修、张载、王洙、石延年、尹洙、王安石、蔡襄、梁周翰、向敏中、穆修、宋庠、石介等等。

这些鸿儒名士，促进了两宋社会文化的兴盛与历史进程的发展，也让应天府书院成为名副其实的人才摇篮。

三、范仲淹——执教兴学，济世报国

范仲淹跟应天府书院有着很深的缘分，他从应天府"出道"，又回归掌教应天府。他的一生是不断为宋王朝命运殚精竭虑的一生，而他的很多业绩，特别是那些影响了宋代历史发展重要事件的前期探索，大多在执教应天府两年期间发生。同样，这两年也是应天府书院历史上发展最快的时期。

范仲淹幼年命运曲折。他 3 岁时，父亲在徐州过世，家境从此变得窘困起来。当时母亲谢氏带着年幼的他改嫁时任平江府（今江苏吴县）推官朱文翰。

宋真宗大中祥符二年（1009），范仲淹随家人回到朱文翰的故乡淄州长山，就读于长白山醴泉寺。据楼钥《范文正公年谱》记录，范

范仲淹像 南京博物院藏

仲淹每天的饮食仅仅一碗稀粥，先冷却，然后分成四块，早晚各两块，再配以盐拌韭菜花，就这样持续了三年之久。

北宋初年，儒家经义在科举和教育当中逐渐走向舞台中心。当时的社会环境和政治地位，决定了读书人必须要践行走一条奉儒重文、困学苦读道路。范仲淹走的就是这条路，据《宋史》载，范仲淹23岁时，他决定自立门户，毅然辞别母亲，投奔应天府书院求学。据《宋名臣言行录》记载，范仲淹"昼夜苦学，五年未尝解衣就寝。夜或昏怠，辄以水沃面，往往馈粥不充，日昃始食"。意思是，范仲淹日日夜夜苦学到极致，甚至睡觉都衣不解带，当学至深夜犯困时，就以冷水泼脸清醒头脑，经常连顿稠粥都吃不上，每天要到太阳过午才开始吃饭。

在书院，范仲淹生活上十分拮据，但精神上却很充实。与朱熹等宋儒不同，他没有丰富的佛道两家经历，范仲淹青年时代就以儒家的仁义道德为纲领。根据《范仲淹全集》，他自称"游心儒术，决知圣道之可行"，在应天府书院居5年，"大通六经之旨，为文章，论说必本于仁义"。而范仲淹的笔墨文章和处事行为都体现出坚定的儒家信念，正如北宋名相富弼《范文正公仲淹墓志铭》中的这句话："为学好明经术，每道圣贤事业，辄跂耸勉慕，皆欲行之于己。"其中"跂耸"是踮脚举首，比喻敬仰向往圣贤的意思。

从青年时期开始，范仲淹就立下了学为天下与寻找治国方略的壮志。有一天，宋真宗路过应天府书院。大家听闻消息，全院震动。能够一睹"龙颜"实为千载难逢！于是师生蜂拥围观，只有范仲淹一人留下来继续读书，有人觉得疑惑，问他为何不去看看，范仲淹回答说："将来再见也不迟。"足以见得范仲淹青年时期就志向远大、节操高尚。后来他执教书院时，也经常教导学生要"从德"，而不能仅以科举入仕作为求学的最终目的。

范仲淹在求学期间，自比颜回，留下"瓢思颜子心还乐，琴遇钟君恨即销"的诗句。他发奋苦读的状态，其实与孔子、颜回一脉相承。他所追求的精神自足，是一种更高的精神追求，其根本就是追求理想而焕发的内在之乐。也正因为超出"小我"走向"大我"，范仲淹才能"人不能堪，仲淹不苦也"。

应天府书院的求学经历砥砺了范仲淹高尚的情操，增强了他为天下分忧的自信心，也锻造了他超越个人苦乐的价值取向。在5年的求学时间里，范仲淹系统了解并分析了文教和宗经对于国家治理的巨大作用，在他成为大儒后，也殷切期望门生弟子入乎六经、借助六经、辅成王道。

（一）归来任教　除旧革新

范仲淹丰富的学识奠定了他为人为政宽广的视野。范仲淹中进士被授官后，没有就此为权力寻租、贪图享受，而是广察民情、身体力行，为百姓分忧解难。

既是机缘巧合，又是价值观注定，仁宗天圣四年（1026），范仲淹回到了应天府书院，这一次他的身份发生了转换。那一年，范仲淹的母亲去世，按照封建社会的惯例，他要离职丁忧，安葬完老母亲后，他暂居应天府。在这期间，南京留守晏殊延请范仲淹到书院授课，他便欣然应允，留下一段佳话。

范仲淹担任应天府书院主讲后，倾心投入，每天都在书院中"观书肆业，敦劝徒众，讲习艺文"，甚至到了足不出户的地步。范仲淹认真梳理了先师戚同文、曹诚、戚舜宾的教学方法，在吸收采纳的基础上，为书院制定了一系列学规。他尤其强调办学要灵活多样，提出了"面向社会""为学次序"和"读书次序"的要求。

范仲淹是一位改革家。他在执教应天府书院前，虽然人微言轻，但已经勇敢地写就了《奏上时务书》，阐述改革灼见，以待朝廷支持。

执教应天府书院期间，改革心切的范仲淹再冒获罪之险，向朝廷上《上执政书》倡言改革，主张朝廷应实行"固邦本，厚民力，重名器，备戎狄，杜奸雄，明国听"六项举措。这些举措之中，"重名器"这一条与教育联系最为紧密。范仲淹辛辣地指出，府、州、县学只考试而不教育的科举制度犹如"不务耕而求获"，因此他强调要面向社会"慎选举、敦教育"，初步形成了北宋中叶书院教育的基本宗旨。

欧阳修在好友范仲淹去世后撰写了《资政殿学士户部侍郎文正范公神道碑铭并序》："公少有大节，于富贵、贫贱、毁誉、欢戚，不一动其心，而慨然有志于天下，常自诵曰：'士当先天下之忧而忧，后天下之乐而乐也。'"两位名臣之间的惺惺相惜，令人动容。

从范仲淹的身上，我们看到了宋代士大夫勇于负责、敢于担当的精神。他们自幼接受儒学入世教育，学术方面，他们以此种精神为动力，革故鼎新、守正创新，积极构建新的理论；政治方面，他们直言进谏，除旧革新，不断掀起新的思潮，并付诸实践。

（二）乐施仗义　桃李满门

范仲淹开北宋风气之先。深厚的学术功底和高洁的道德操守让他声誉日隆，在当时士大夫们心中有着很高的声望，也吸引了很多学生慕名前来。朱熹《宋名臣言行录前集》载："文正公门下多延贤士，如胡瑗、孙复、石介、李觏之徒。"范仲淹在主持应天府书院时，只对生徒的品德和学业提出要求，对家世背景并不加以挑选。因此当时书院的学生不受年龄、身份、地域、学派的限制，生源较为广泛。尤为可贵的是，范仲淹对待门生、旧友、宾客乐施仗义。

宋仁宗天圣五年（1027），一位衣衫褴褛的秀才来到应天府书院，请求范仲淹给予帮助。看着面露饥色的书生，范仲淹没有多说话，立即给他拿了一千文钱。一年后，这位秀才又来了，范仲淹依然给了他一千文，这次他问起了原因。秀才说，自己叫孙复，家中老母亲病重，自己又想读书，实在没有办法才出来奔走。想着假如能有微薄收入，就可一边照料母亲，一边安心求学了。听罢，范仲淹很受感动，见孙复是一个有志青年，便主动提出给他在书院里安排个差事。

年轻的孙复，当时也许想的是科举入仕，不过可惜的是，他四次参加开封府的科举考试，却次次不中，无法进入仕途。范仲淹的热心周济，对他来说，犹如沙漠中遇井水。孙复就这样留在了应天府书院，追随范仲淹学习《春秋》等儒家经典，两人亦师亦友。这个故事被记载在《宋元学案》。

范仲淹离开书院后，孙复不久也告别应天府书院，来到泰山脚下。在泰山，孙复办私学，招生徒，讲《春秋》，由此可见他依然秉承传授儒家道统和学统的宗旨。多年后孙复声名远扬，连理学家程颢也不吝赞扬："当时《春秋》之学为之一盛，至今数十年传为美事。"范仲淹得知门生的进步，喜出望外，立即向朝廷举荐。庆历二年（1042），孙复被授予秘书省校书郎，任国子监直讲。上任后，他与石介一起，积极支持范仲淹等人的"复古劝学"主张，后来也成为北宋的巨儒名臣，入列"北宋三先生"。

孙复是幸运的，无论是求学还是走上仕途，范仲淹都是他的贵人。范仲淹对他的影响主要集中在解经释惑和尊师重道两方面。正是由于范仲淹的提携和应天府书院的培养，孙复才能写就《春秋尊王发微》12篇，开义理之学的先声，并进一步促进了北宋学术的兴起和发展。

孙复的例子是应天府书院人才培养的一个缩影。范仲淹在应天府书院执教期间，始终把培养人才作为书院教育的核心。据《宋史》记载，范仲淹早就立下了"利泽生民"的志向，教书育人后，他以儒家经典教学，提倡学生要关心社会的风声雨声，敏锐洞察社会时局变迁，引导门生以积极入世的进取精神，投入宋代社会改革发展洪流之中。范仲淹在其所作的《南京书院题名记》一文中，表达出书院教育的目标是培养"进可为卿大夫""退可为乡先生"，具有"忧天下之心""乐古人之道"的贤士大夫。

应天府书院尤其重视"明经"和"策论"，通过此举，彻底改善预备官员的素质，为朝廷提供有真才实学的人才。在两年的执教生涯中，范仲淹培养了一大批卓越的学生。比如，北宋三大唯物主义思想家李觏、张载、王安石；三大教育家孙复、胡瑗、石介；三大诗文改革家穆修、尹洙、欧阳修……他们都是范仲淹的学生，长期受到他的指点、教诲，继承了他追求新知、锐意进取的思想。能够培养出这么多各领域杰出人物，是范仲淹教育思想的功绩，也是应天府书院这所"第一人才摇篮"令人钦佩的办学成就。

应天府书院在范仲淹及门生们的大力推动下，开启了北宋理学的新思潮。而范仲淹本人又有着极强的人格魅力，在张扬士人志气、提倡儒家名教等方面令人钦佩，可以称得上是整个宋代士人的表率。他执教兴学、济世报国的所作所为，"先天下之忧而忧，后天下之乐而乐"的人生价值观，直至今日，仍闪耀着跨越千年的光芒。

四、白鹿洞书院——气脉不绝，学规传世

宋代时期书院鼎盛，白鹿洞书院是其中的典范，被清代著名学者王昶在其著作《天下书院总志序》中称作"天下书院之首"。

白鹿洞书院，位于江西省九江市庐山五老峰南麓，始于唐，盛于宋，延续于明清。其实，白鹿洞并没有洞。那书院之名来自何处呢？相传

白鹿洞书院山门

唐代贞元年间，洛阳书生李渤和他的兄长李涉在此隐居读书。有一天一群白色的神鹿踏着五彩祥云，出现在五老峰的顶端。当时李渤正在洞外苦读，其中一只神鹿被他好学的精神感染了，飘然落下，陪伴身边，出入相随，于是人们就称李渤为白鹿先生。并且因书院四周都是山，此处为一个小盆地，登高而望，仿佛是一个洞，因此得名"白鹿洞"。

五代时期，南唐昇元四年（940），当时的李昇王朝在李渤读书之处创建了"庐山国学"，也称白鹿国庠，派国子监九经李善道、国子监助教朱弼先后任教。如果办学从此时算起，至今已有一千多年的历史了。

（一）书院复兴　"弯道超车"

北宋年间，江州的一些乡贤，借助"庐山国学"的原有基础，在白鹿洞办起了书院，"白鹿洞书院"之实由此开始。北宋末年战乱频繁，白鹿洞书院遭到毁坏，连续办学仅仅9年，不仅时间短暂，而且规模不大，生徒不过数十人，最多时期或近百人。论及声名，白鹿洞书院远不及同时期的东佳、雷塘、华林三所书院。

那么白鹿洞书院是怎样焕发新机，并且实现了"弯道超车"的呢？这一切都要归功于理学家朱熹的殚精竭虑、全力以赴。

南宋淳熙六年（1179），朱熹出任南康知军，前后花了三年时间重振了这座几乎消失在历史长河中的古老书院。据《朱子年谱》记载，他修建房屋、征集图书、购置学田，为书院发展打下坚实基础。在完成初步重建后，朱熹率领郡县官吏、书院生徒赴书院，举行开学典礼。朱熹把《大学》《中庸》自《礼记》辑出，与《论语》《孟子》汇成"四书"，并将其确定为白鹿洞书院的主要课程。他也亲任洞主，登台讲学，回答生徒的质疑问难，诲人不倦。

在这个过程中，朱熹两次上奏朝廷，请求支持，这是为了请官方承认书院的合法性并且专门拨款进行资助。淳熙八年（1181），孝宗皇帝终于同意了向白鹿洞书院赐书赐额。就这样，朱熹开创了官民两股力量共同支持白鹿洞书院发展的新阶段。

作为与官方学校并行的另一种形式，白鹿洞书院如何去实现自己存在的价值呢？朱熹的理想目标是，不能把科举作为"指挥棒"。关于这一点，他在《朱子语类》中清楚地表述为："前人建书院，本以待四方士友，相与讲学，非止为科举计。"看来关键在于看待科举的态度。

在科举时代，任何公然与科举对峙的教育机构都无法长期存在。因此，理学家们接受了这种无可奈何的现实，他们并不直接反对科举，只将反对的目标锁定在以科举为目的这一点上，并且将大量的精力倾注于讲学事业，向一般民众和广大士人群体传播思想，希望启民智、救人心，培养出传道济民的人才。

（二）制定学规　影响深远

正所谓"近世于学有规"，朱熹也为白鹿洞书院制定了一份学规，即著名的《白鹿洞书院揭示》（又称《白鹿洞书院学规》或《白鹿洞书院教条》）。这份 441 个字的学规，凝结了朱熹的治学思想，而白鹿洞书院成为天下之书院也离不开这份学规。

在朱熹的主导下，书院的管理侧重于启发学生的上进心和自律性，鲜少制定禁戒惩治的规章。《揭示》主要有三个内容，包括书院办学方针、修身养性的方法和做学问的准则，它把朱熹提倡的世界观、教育目的与学习修养的途径融为一体。

具体来说，学规明确了"五教之目""为学之序""修身之要""处事之要""接物之要"等概念。让我们以"为学之序"为例。古语有云："博学之，审问之，慎思之，明辨之，笃行之。"意思是，学习要广泛涉猎，有针对性地提问请教，学会周全地思考，形成清晰的判断力，用学习得来的知识和思想指导实践。这句话出自《礼记·中庸》，也被记载于朱熹所制定的这份学规之中，用来告诉书院生徒为学应当遵循的顺序。

此为原文：

> 父子有亲。君臣有义。夫妇有别。长幼有序。朋友有信。
> 右五教之目。尧、舜使契为司徒，敬敷五教，即此是也。
> 学者学此而已。而其所以学之之序，亦有五焉，其别如左：
> 博学之。审问之。慎思之。明辨之。笃行之。

右为学之序。学、问、思、辨四者，所以穷理也。

若夫笃行之事，则自修身以至于处事、接物，亦各有要，其列如左：

言忠信，行笃敬。惩忿窒欲，迁善改过。

右修身之要。

正其义不谋其利。明其道不计其功。

右处事之要。

己所不欲，勿施于人。行有不得，反求诸己。

右接物之要。

熹窃观古昔圣贤所以教人为学之意，莫非使之讲明义理以修其身，然后推以及人。非徒欲其务记览为词章，以钓声名，取利禄而已也。

今人之为学者，则既反是矣。然圣贤所以教人之法，具存于经，有志之士固当熟读、深思而问辨之。

苟知其理之当然，而责其身以必然，则夫规矩禁防之具，岂待他人设之而后有所持循哉？近世于学有规，其待学者为已浅矣；而其为法，又未必古人之意也。

故今不复以施于此堂，而特取凡圣贤所以教人为学之大端，条列如右，而揭之楣间。诸君其相与讲明遵守而责之于身焉。则夫思虑云为之际，其所以戒谨而恐惧者，必有严于彼者矣。

其有不然，而或出于此言之所弃，则彼所谓规者，必将取之，固不得而略也。诸君其亦念之哉！

朱熹虽然学问很深，但绝不是冥顽不灵的老学究，相反，他有着很强的守正创新精神。这点从《揭示》就能够看出。学规的前半部分全部是集儒家经典语句而成的，后半部分则体现出朱熹的独创性。在儒家经典的基础上，他根据理学的要求，进行深化。举个例子来说，"笃行"具体怎么做？朱熹提出"笃行"包括了"修身""处事""接物"3项内容。"修身"的关键是"言忠信，行笃敬。惩忿窒欲，迁善改过"；"处事"的关键是"正其义不谋其利。明其道不计其功"；"接物"的关键是"己所不欲，勿施于人。行有不得，反求诸己"。可以看到，朱熹把道德教育置于学校教育首位，与我们现在所坚持的立德树人殊途同归。

一言以蔽之，朱熹认为教人为学的目的不是借以沽名钓誉、谋取利禄，而是为了引导人们按照经典去读书穷理、修己治人，成为对社会有用的人才。同时，他也认为关键是学子的内在约束，不能仅仅依靠外部的训诫修身养德。

但是这份学规也并非尽善尽美，问题主要就在于其目的是维护封建的伦理道德观。在谈到书院的教育宗旨时，朱熹明确指出是进行"五伦"教育，也就是"父子有亲，君臣有义，夫妇有别，长幼有序，朋友有信"。朱熹理学思想的实质是强化"三纲五常"。何以见得呢？举个例子来说，朱熹强调"学""问""思""辨"4个步骤都是为了"穷理"，而他所说的"穷理"，根据《朱子语类》，实际上就是"五伦"之"理"。从这里可以看出《白鹿洞书院揭示》是一个鲜明地体现了程朱派理学教育思想，旨在维护封建纲常伦理的学规。

《白鹿洞书院揭示》受时代约束，有着一定的历史局限性，但瑕不掩瑜，其中体现的重视学思结合、知行统一的观念与精神，符合教育发展的内在规律。而在朱熹的影响下，书院的教学组织形式少有衙门气，这点也十分不易，对南宋时期以及后世的教育产生了十分深远的影响。

《白鹿洞书院揭示》也成为书院教育规范化的重要标志。随着朱熹任职多地，这份学规广泛流传。在任职潭州时，朱熹将其实施于岳麓书院，进一步扩大其传播影响。朱熹的弟子刘爚衣钵相传，在担任国子司业一职的时候，特别上奏朝廷为这份学规争取"名分"。他的愿望没有落空。淳祐元年（1241），也就是朱熹诞辰111年的时候，宋理宗视察太学时，亲笔手书《白鹿洞书院揭示》赐予太学生，并正式发文，颁行天下学校。这个举动也意味着，《白鹿洞书院揭示》已成为官方背书的教育方针，成为全国官学共同遵守的原则。

宋代以后，《白鹿洞书院揭示》被广泛推行于各个书院，成为封建社会中被认可的教育准则，对官学产生了深远的影响，也促进了理学的发展和繁荣。后来，这份学规又漂洋过海，东传日本、朝鲜，甚至出现在现今当地一些学校的校训中，被称为"白鹿洞精神"。

（三）学派书院　互相成就

南宋时期，随着程朱学派被官方正统化，各地官员纷纷仿效建立

白鹿洞书院藏书楼

书院，一时成为社会风尚，书院教育进入鼎盛时期。

有人反问，理学就代表了宋学吗？当然不是。南宋思想界极度活跃，内部学派多元并包，理学仅仅是一个重要的分支。比如，陆门心学和浙东事功学派也在当时蓬勃发展起来。比如，位于永康的五峰书院曾是事功学派分支永嘉学派代言人陈亮的重要讲学地之一。

宋人与书院的相互辉映，也让我们能更清楚地理解被李邦国、邓洪波等学者所点出的关键：南宋时期，学人、学派和书院紧密相连、休戚与共，特别是书院和理学形成了"互为依托、互为表里"的命运共同体，两者一损俱损，一荣俱荣。总而言之，两宋时期思想界极度活跃，书院与讲学、学术结合，形成了独特的人格特征，影响了中国思想文化的基本格局。

朱熹去世后，其同道、门人及追随者或兴建，或讲学，使白鹿"气脉赖以不绝"。白鹿洞书院兴建屋舍、增加藏书、扩大田产，获得了进一步的发展。朱熹的一大批得意门生也在书院讲学、论道，弘扬师承，光大门户，白鹿洞书院成为闽中以外朱子学派的一个学术中心，真正成为海内知名书院。

南宋末年，受宋元战争的影响，多数书院毁于战火，白鹿洞则因幽闭偏僻、远离喧嚣，免受殃及，没有中断兴学。历经元、明、清，虽经损毁与修复，但白鹿洞书院一直薪火不

朱熹半身像（《至圣先贤半身像册》）台北故宫博物院藏

断、弦歌不辍。

无论是宋人还是后代，都对白鹿洞书院非常推崇。这座千年学府，也因其影响深远、体制完备，凝结着悠久的历史、千年的学统，称得上中国古代书院历史上的集大成者。

五、朱熹——兴复书院，重振儒学

南宋理学兴盛，书院繁荣。南宋的书院运动，朱熹并非是第一先驱。严谨说来，以张栻为代表的湖湘学者率先发起了书院运动，但是论及影响力，朱熹虽是后来者，很快就成为了运动的旗帜。

朱熹的成就到底几何？他19岁便中了进士，被公认是"天才"，一直走的就是儒学正统之路，被大家尊称为朱子。他是哲学家、思想家、书院教育最杰出的教育家，也是一位非孔子亲传弟子却能够享受孔庙祭祀之人。

朱熹（1130—1200），字元晦，号晦庵，江西婺源人。据清代理学家王懋竑在《朱熹年谱》中考证，朱熹的家族，源远流长，是婺源显赫的儒学名家。朱熹算是二程（程颐、程颢）的四传弟子。朱熹自幼跟随父亲学习，深受二程思想熏陶，在父亲去世后，又以父亲的同门、友人等为师。在此基础上，朱熹贯通经史、诸子、天文、地理、佛道等方面的学问，融会北宋以来理学思想，建立了一个完整的客观唯心主义理学体系。

身在儒学世家，朱熹自然而然接受着正统的儒学教育。他5岁发蒙，在父亲手把手的指导下，学习儒家经典著作。10岁之际，他读到《孟子》

中的一句话："圣人与我同类者。"用我们今天的话来说，就是：圣人，与我们是同类，本质上没什么不同。朱熹认为既然做"圣人"不难，通过努力追求就能达到理想的目标，那么自己为何要怯懦？在这时，他就立下了做圣人的大志向。

朱熹 15 岁丧父，遵照父亲的遗愿，他继续跟随胡仲原、刘彦中、刘致中三位先生学习。他将学习重点放在儒学经典，同时也兼顾佛教、道家相关典籍，刻苦研读，学问日深。

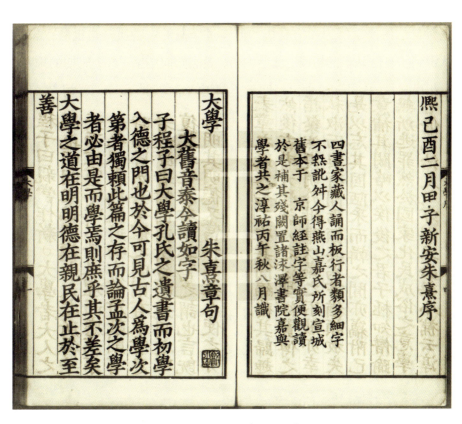

〔南宋〕朱熹《四书章句集注》书影

（一）坚定信念　归正儒宗

不同于"范进中举"的辛酸，科举之路上，朱熹一帆风顺。宋绍兴十七年（1147），朱熹18岁时就顺利中举，一年之后，又连中进士。中举后，他笔耕不辍，坚持学习儒家义理，希望在政治上施展一番大作为。朱熹22岁时，被授予左迪功郎，初任泉州同安县主簿。任职期间，他除了处理政务，还创办了一所县学，4年之后，又建了一座"经史阁"。朱熹也担任讲学老师，这可能就是他办学的开始、讲学的开端。

在泉州时期，朱熹明确了归正儒宗的目标，坚定了重振儒学的决心。这里就要谈到南宋学者李侗，他对朱熹起了关键的塑造作用。李侗是程颐的三传弟子，朱熹对其有着一份天然的亲近感。朱熹到任泉州两年后，听闻李侗隐居在延平，便步行数百里登门拜访，可见其诚心。本来朱熹对自己的禅学修为颇为自信，但经过李侗的一番质疑与批驳，朱熹认识到了自己认识的粗浅，恍然大悟，毅然归向儒宗。这个时期的朱熹，思想尚显稚嫩。不过，他已经明确了归正儒宗的目标，专门学习"二程"（程颢、程颐）之学，可以说对于纲常礼法论也有了初步的想法。

朱熹的仕途一路顺畅吗？其实不然。身处乱世，朱熹始终没有走入政治舞台的中央。细数朱熹进士及第后的50余年中，从政的时间仅10年有余，而他在朝中做官担任"帝王师"的日子不过46天，其余时间多是在偏远之地，担任一些不痛不痒的虚职。从时间上，就能看出，朱熹一生主要从事的活动并非是政治，而是教育与学术。一方面，我们可惜朱熹空怀一腔抱负，始终没有找到施展才能的机会；另一方面，我们也感慨，正是官场的失意，让他有更多的时间与精力，在求学之中寻找一份慰藉与自得。

（二）兴复白鹿　不遗余力

朱熹一生从事了多种教育活动，其中他躬身从事了50余年的书院教育是最为重要的一种。纵览朱熹一生，他的书院情结很深，不仅修复了宋代四大书院中最著名的两所书院——白鹿洞书院、岳麓书院，还不遗余力创建了不少新的书院，推动书院事业层层出新。据考证，他共与67所书院有关。从古田的溪山书院与螺峰书院，到崇安与建阳的寒泉精舍、武夷精舍与竹林精舍，再到东阳的石洞书院与建阳的瑞樟书院，他的身影始终与书院重叠交错……

朱熹之所以重视书院教育，有多方面的原因。首先，在当时，理学不受当权者待见，只能另辟蹊径，借助民间力量，通过书院来传播。其次，也是源于官学已沦为科举制度附庸的处境。在《朱文公文集·静江府学记》中，朱熹曾尖锐评述了当时官学的弊端。他指出：在这种学校中，教师所教、士子所学，都已经偏离了"大道"，都是舍本逐末、唯利是图的伎俩，"修身、齐家、治国、平天下"的道义选择，全然被他们抛在了一边。在《学校贡举私议》这篇文章中，朱熹指出此种不正之风势必引发"人才日衰"。可见，官学教育的腐败，也是促使朱熹重视书院教育的动因之一。

在朱熹的书院教育活动中，最引人注目的当推他在白鹿洞书院所从事的教育活动。但要注意的是，在重修白鹿洞书院之前，朱熹已经身体力行，通过推崇书院教育，来弘扬儒学正道。乾道三年（1167），他出游长沙，拜访张栻时，曾讲学于城南书院与岳麓书院。朱熹的母亲病逝后，他归乡，一边守墓，一边讲学，创建"寒泉精舍"。前后讲学著述共8年，撰写了《家礼》《通鉴纲目》《程式外书》等书，也培养了以朱熹理学第一传人黄榦为代表的首批得意门生。孝宗淳熙五年（1178），对于朱熹来说，是个重要的转折。这一年，他被任命知南康军。朱熹到任不久，就张榜征询当地的文化教育情况，也特别留心了解白鹿洞书院的状况。

遗憾的是，白鹿洞书院彼时已经毁于兵燹。北宋末期兵戎交加，书院付之一炬、无人问津，没想到，125年后，突然引发了朱熹造访。这当然不是空穴来风，而是出于宣扬理学的需要。然而，岁月不居、时节如流，书院旧址已难觅踪迹。朱熹经过广泛了解，初步确定了书院的地理位置。在一个秋高气爽的日子，他来到庐山的五老峰下，寻觅他认为能够重振理学的一隅天地。

意料之中，所到之处皆是荒芜萧瑟，移步察看，网结门廊、尘封书海，令人惋惜。此行朱熹坚定了修缮的想法，归家后，他决定联合地方官府和地方乡绅，尽快行动起来。他也向尚书省及礼部申明情况，为争取中央政府的支持积极斡旋。但是，修复书院的计划未获得朝廷的支持。而且当时旱灾严重、财政吃紧，不可谓不艰难。

面对重重困境，朱熹非常果决，以"从省从俭"为修复策略。史料记载，淳熙七年（1180），白鹿洞书院修缮工程初步完工，遗址上已经修建起近20间小屋。在灾年，实属不易。据《玉海》所记，次年，朱熹向中央政府呈送了《乞赐白鹿洞书院敕额》的报告。朝廷久已不涉书院之事，因此朱熹不仅没有得到支持，反而遭到朝臣们的奚落和排挤，"朝野喧传以为怪事"。

面对如此困境，朱熹并未放弃。经过争取，同年十一月，孝宗皇帝同意在延和殿接见朱熹。面对时代的激流险滩，理学家们为了心中大义，往往毅然决然"纵身一跃"。朱熹也是如此，他不顾"切宜勿言"的警告，向皇帝当面提出为白鹿洞书院赐书赐额的请求，终于获得批准。从此，白鹿洞书院又获得了中央、地方官府以及民间力量的共同支持。由此可见，朱熹在白鹿洞书院重建过程中所耗费的心力。他不仅是思想家，也是实干家，不但有想法，也有落地的执行力。

（三）描绘理想　双向奔赴

朱熹为了白鹿洞书院的兴复可谓竭尽心力，从重建屋舍、购置学田，到订立学规、确立课程，再到邀请名师、广招门生，无不亲自过问、躬身推动。置田这件事尤其值得我们注意。为什么呢？白鹿洞书院后来能历经元、明、清持续办学，很大程度上就是源于此举打下的良好经济基础。当时，朱熹把白鹿洞书院附近的3000亩良田全部征了下来，书院与附近的农民订好协议，平日全部由农民打理，每年秋收以后，按订好的约定上交田租，以此作为支撑白鹿洞书院的经费。

淳熙八年（1181），朱熹奉命升任浙东提举，此时白鹿洞书院复兴已告初成。离任前，他特地向孝宗报告了重建书院的情况。履职他

白鹿洞书院朱熹纪念馆

地后，朱熹仍十分关心白鹿洞书院的重建，拨钱 30 万给新任知军钱闻诗，用以建造礼殿、塑像。再后来，继任的洞主与师生们，也依然把朱熹当作书院的精神领袖，大事小事，甚至是日常琐事，都以书信相告，问询其意见。

可以说，朱熹与白鹿洞书院是"双向的奔赴"。一方面，朱熹成就了白鹿洞书院。这座位于庐山五老峰的书院，是朱熹倾注最多心血的书院，他亲自重建、亲自筹措经费、亲自授课讲学，为书院刻画了应有的"画像"，用制度为南宋书院的长远发展赋能，对于南宋乃至后世书院的传承起了至关重要的作用。另一方面，白鹿洞书院成就了朱熹以及闽学的发展，为他著述讲学、培养弟子提供了坚实的基地，成就了他名垂青史的"江湖地位"。

钱穆在《略论朱子学之主要精神》一书中，曾这样评价朱熹：中国学术史，"乃创始于孔子，而整理此一部学术史，最有成就者，则为朱熹"。

朱熹的光芒，犹如洞天的火炬，照亮了南宋世人的书院生活。纵观他的一生，承上启下，以一己之力，推动儒学发生第二次中兴，再攀顶峰。他的理学思想对元、明、清三朝影响很大，成为三朝的官方哲学，是中国教育史上继孔子后的又一人。

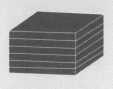

书院群星皆璀璨

书院悠然
SHUYUAN YOURAN

著名历史学家黄仁宇先生说过："在 11、12 世纪的宋朝，中国大城市里的生活水平可以与世界上任何其他城市比较而无逊色。"这句评述切中肯綮。根据考古及史料考证，有研究者认为，宋代人的品质生活引领了世界。从书院这个角度来看，更是如此。宋代的书院，无论规模形制，都各具特色、各臻其妙，共同打造出自由、开放、务实、理想的文化交流空间。

群星闪耀的宋代书院，带领我们走进那段悠然历史，通过了解书院，可以洞见那充满生机的宋代生活与蓬勃生发的宋代精神。

一、嵩阳书院——文脉传承，显赫中原

读中原文化史，你的目光会自然而然地聚焦到嵩山。中国历史上，嵩山留下过许多帝王游幸封禅的脚印。"书院嵩阳景最清，石幢犹纪故宫名"，就是乾隆皇帝游历嵩山时，踏访嵩阳书院后留下的诗句。位于嵩山南麓的嵩阳书院，是一个深刻诠释儒家教育的世界文化遗产。流传千古的绝不仅仅是清幽的景致与丰富的古迹，更是嵩阳书院在书院教育史以及中国古代教育史上的重要影响。

（一）三教演变　积淀深厚

嵩阳书院位于北宋东西两京之间，地处国家的政治经济文化中心，区位优势突出。洛阳是中国建都最早的都城，自古以来就是我国古代的政治文化中心。从夏代开始，一共是13朝古都。北宋建国之初，定都开封，并把洛阳作为陪都，改称西京。中原最早的书院之一太乙书院，就出现在这片土地上，而太乙书院正是嵩阳书院的前身。

嵩阳书院始建于北魏孝文帝太和八年（484），据东魏天平二年（535）《中岳嵩阳寺碑》记载，原名是嵩阳寺，为佛教寺院。隋代更名为嵩阳观，为道教活动场所。后周世宗柴荣改为太乙书院，为儒学活动中心。宋初沿用五代旧名，仍称太乙书院。宋景祐二年（1035）重修时，诏以"嵩阳书院"匾额，就此改名。

我们看到，从五代到宋代，嵩阳书院一直经历着"蝶变"：从佛教活动场所、道教活动场所、佛道共同活动场所，一路演变为儒学教

嵩阳书院山门

学传道的学术中心。

（二）北宋时期　空前活跃

嵩阳书院发展最为亮眼的时期，当属北宋。当时各派学说争奇斗艳，形成了嵩山地区前所未有的百家争鸣氛围。对此，《宋史纪事本末》称之为："河洛之间，大儒并出。"为何嵩阳书院会在北宋时期大为发展呢？从外部因素来说，这离不开官方的支持。帝王向书院赐名、赐田、赐额、赐经书的一系列行动，让书院得以借机提升实力、提高声望，成为近悦远来的书院之一。从内部因素来说，这一时期嵩阳书院讲学之风昌盛。嵩阳书院在宋代是由私人捐资兴建，虽然朝廷拨款拨物，但仍由私人日常管理运行，自由之精神是其鲜明的特点。

在嵩阳书院，历代都有名师主持讲学事宜，北宋时期尤甚，名儒司马光、范仲淹等都在此讲过学。登封知县叶封撰写的《重修嵩阳书院记》中说："登封接迹伊洛，其学术风教，不甚相悬。又嵩岳多奇，四方达人高士，自远而至学者苟有向往之心，不患无观摩之益……有宋韩公维、吕公诲、司马公光、程公颐颢兄弟、刘公安世、范公纯仁、杨公时、李公纲、李公邮、倪公思、王公居安、崔公与之，凡提举主管崇福宫者，皆大贤名世，可为吾党矜式。"名家学者的众星云集，让嵩阳书院成了当时的学术中心，自然推动了宋代儒学新体系的形成和发展。

（三）"二程"思想　发源之地

嵩阳书院与理学之间的关系是书院与学统同向同行的生动写照。这里就要讲到"二程"思想萌发与成熟的过程。

程颐、程颢兄弟是河南洛阳人，二人创立的"洛学"（也称作"理学"或"道学"），是北宋"镰洛关闽"四大学派之一。熙宁五年（1072）

程颐半身像（《至圣先贤半身像册》）
台北故宫博物院藏

程颢半身像（《至圣先贤半身像册》）
台北故宫博物院藏

二程的父亲程珦受命管理西京嵩山崇福宫，兄弟二人随迁，跟着父亲在洛阳定居，住了十余年。这段时间是二程进行书院教育活动的辉煌时期，他们不断讲学于各地书院，其中嵩阳书院是他们从事教学活动的主要场所。

除了讲学之外，程颐、程颢从学制等方面，对书院的教育制度加以完善。他们在嵩阳书院讲学期间培育的学生，大都成为宋代传播理学的中坚力量。

流传千古尊师重教的故事"程门立雪"也是发生在这里。据《宋史》记载，有一天，程颐的学生杨时与他的学友，因对某问题有不同看法，为了求得一个正确答案，一起去老师家请教。时值隆冬，天寒地冻。他们来到程颐家时，适逢先生坐在炉旁打坐养神。杨时二人担心打扰老师，就在门口静候，等程颐睡醒的时候，积雪已经深达一尺。学生恭敬求教之情、虔诚求学之心，可见一斑，"程门立雪"也成为千古美谈。

嵩阳书院是北宋二程理学的开创之地，对二程的理学教育思想的形成起了重要作用。"程朱理学"后来发展形成"宋明理学"，影响中国社会近700年之久。这样深远的影响力，离不开他们在嵩阳书院十几年的讲学经历。正是在教学交流的过程中，程颐、程颢吸收佛、道宗教思想，并对传统儒学进行改造和发展，使之适应了时代发展的要求，也让自身的理学和教育思想更加完备。最终，他们成为当时有名望并且对后世影响很大的思想家和教育家。

程氏兄弟也对嵩阳书院成为著名书院起到关键作用。他们的讲学活动吸引了各地学者不远千里来听讲，书院因此声名大噪。《河南程氏遗书》描绘说："士之从学者，不绝于馆，有不远千里而至者。"为了纪念程颐、程颢，嵩阳书院现在仍有二程祠。

书院与学术之间相互作用的关系，勾勒出宋代书院的独特价值。据学者们判断，代表时代精神的、新的儒学思想无法在真空状态中发展，正是书院较为宽松的学术环境，让这些思想能依托书院而萌发、传扬。与此同时，书院也通过与讲学、研究的结合和互动，在办学理念、组织管理、讲习内容等方面发生变化，提升了书院的精神品格，扩大了影响力、美誉度，并随着儒学的发展而实现自身数量维度上的增加与地域广度上的开拓。

（四）藏书刻书　一骑绝尘

书院之所以被冠以"书院"，就是强调了它藏书、刻书的功能。因此，各个时期的书院都会把与书相关的事作为一件大事来看待。在藏书方面，嵩阳书院一骑绝尘，足以和一些著名藏书楼并称。有人把嵩阳书院藏书楼与江苏、浙江、山东、河北等地的一些著名藏书楼并称为中国古代十二大藏书楼。如今嵩阳书院内中轴线上共五进建筑，最后一

嵩阳书院藏书楼外观

进就是藏书楼。这是一座进深三间卷棚硬山顶阁楼式建筑，虽历经损毁，但现今仍存。按照《嵩阳书院志》中的记载，这座藏书楼是康熙年间河南巡抚捐俸银创建的，乾隆年间重修，1989年冬再次落架翻修。

那么嵩阳书院的藏书来源于哪儿呢？可归纳为四类：皇家赏赐、私人捐助、购置书籍、刊刻书籍。让我们逐一了解。第一类，皇帝赐书。北宋至道元年（995），太宗赐给嵩阳书院《易》《书》《诗》《左传》《公羊传》《穀梁传》《仪礼》《周礼》《礼记》等国子监印本共9部经书作为教材。大中祥符三年（1010），真宗赵恒又一次赐给嵩阳书院九经、子、史诸书。在当时，有幸获此殊遇的书院为数不多。连续两次得到皇上"青睐"，足以说明书院当年的地位是多么显赫，不仅丰富了藏书，又光耀了门庭。

第二类，私人捐赠。不局限于当地，而是来自各地。地方乡绅都会为书院的发展，提供自己的力量，一方面是为了彰显自己书香门第、家学渊源，一方面也是出于感谢、支持书院的教育事业。这在现代社会，也很常见。

第三类，购置书籍。《嵩阳书院志》中关于藏书部分有记载，当时书院所藏图书共有 89 部万余册，除去 17 部千余册由私人捐献，剩余部分都是书院自行采买。而购置的经费，主要来自社会上的捐赠和书院学田的收入。

第四类，自己刊刻。谋求书院的发展，是书院刻书的首要任务。自古以来，大凡书院都有刊刻书籍的传统，嵩阳书院也传承延续了这一传统，比如《二程粹言》《中州道学编》等书就是由书院自己主持刊刻的。

今天，如果你寻访嵩阳书院，请一定再去看看藏书楼内陈列着的《二程全书》《二程遗书》《四书近指》等清代存书。另外的一些藏书，比如《嵩阳书院志》等图书已经安家在河南省图书馆，供市民、学者在书页翻飞间领略这所书院三教递延的风采。

（五）瞻顾遗迹　千载悠悠

嵩阳书院是一本常读常新的"书"，关于这里的传说和遗迹无不蕴藏着逸趣。在此，我们可以借助几位名人在嵩阳书院留下的印记感受一下。

司马光的皇皇巨著《资治通鉴》就有一部分是在嵩阳书院完成的。当时，司马光讲学嵩阳书院，他在嵩阳书院的东墙外，买地建了个别墅，起名叫"独乐园"。可能那段时间，司马光也是"五加二""白加黑"，白天在嵩阳书院里教书，晚上就在别墅里奋笔疾书。如此传世杰作，能有一部分出自嵩阳书院，也佐证了嵩阳书院教育教学与学术研究相结合的特点。

徜徉在嵩阳书院，文物古迹都在讲述"故事"。道统祠内留有林则徐作的一副对联：

> 海纳百川，有容乃大；
> 壁立千仞，无欲则刚。

这副对联激励着历代学子：只有具备大海一般容纳百川的气度，才能成为胸怀宽阔顶天立地的大丈夫；只有摒弃私心杂念，像千仞绝壁一样没有世俗的欲望，才能达到大义凛然、刚正不阿、挺立世间的境界。

嵩阳书院内的古柏树也很有名，相传在西汉元封年间被汉武帝封为"将军"，所以名为"将军柏"。这棵"出圈"的柏树成为书院最具有特色的一景，也受到了许多诗人的青睐。熙宁五年（1072），苏辙考试中了举人后，在返程时曾路过嵩山一带，留下诗26首。其中就有一首专门为"将军柏"所作，题为《登嵩山十首·将军柏》。诗曰："肃肃避暑宫，石殿秋日冷。凛然中庭柏，气压千夫整。"

嵩阳书院占地万余平方米，存有许多遗迹，比如《汉封将军柏碑》、北宋黄庭坚的《诗碑》等等。它们无不体现出这座千年书院悠久深厚的文化气质，目之所及，都让人畅想抒怀。

嵩阳书院在北宋得到了大的发展。但是，正所谓"成也萧何败也萧何"，书院因为朝廷的扶持而盛极一时，也因为朝廷的政策而落魄停滞。北宋三次影响较大的兴学运动，都对嵩阳书院的发展产生了一定的冲击。第一次是庆历兴学，因为"取于乡里宿学有道业者""士须在学习业三百日"等规定，一些学生迫不得已只能选择去官方学校学习，就这样嵩阳书院生徒散落殆尽。第二次是王安石主导的兴学运动，那时候，更多的学生为了科举考试顺利而放弃书院教育。第三次是崇宁兴学，在此期间，地方学校受到扶持，私学教育发展空间被压缩，也使嵩阳书院受到影响。

嵩阳书院在北宋的中后期三兴官学之后开始衰落，直到明朝虽开始重建，但始终再难找回往日的荣光。但无论如何，嵩阳书院有近1500年的历史，这在整个书院史上都是不多见的。它在宋代书院教育中发挥的作用和对社会产生的影响，流传千古，无法抹掉。它也是整个嵩山文化中不可或缺的重要部分，对中原文化，甚至中国古代文化都有着重大的影响。

岳麓书院正堂

二、岳麓书院——千年学府，薪火赓续

曾国藩、左宗棠、郭嵩焘、魏源……这些震古烁今的风云人物都出自岳麓书院。有人说，学生的高度决定了办学的高度。因此，岳麓书院门前至今仍然高悬着"惟楚有材，于斯为盛"的楹联，可谓名副其实、充满底气。

岳麓书院位于湖南长沙市西岳麓山抱黄洞之下。岳麓书院的前身，是僧人办学。南宋时期岳麓书院副山长欧阳守道撰文指出，唐代末年，僧人智璿和他的弟子为了求书办学，乘小船通过洞庭湖这条水路去京师寻求藏书，他们心愿达成，"士得屋以居，得书以读"（记载于《岳麓诗文钞》）。

宋初，开宝九年（976），潭州太守朱洞在唐代僧人办学的基础上，"因袭增拓"，也就是在原址的基础上增加、扩充，正式创建岳麓书院。讲堂总共5间，斋舍52间，兼具了藏书、讲学、祭祀等功能。

但是，当时的主持者对于如何办学还没有能够表达出其独特的认识。朱洞更关心的是怎样为年轻人提供更多的

张栻半身像（《至圣先贤半身像册》） 台北故宫博物院藏

教育机会、创造更为顺畅的科举做官通道。对此，北宋文学家王禹偁有这样一句话："使里人有必葺之志，学者无将落之忧。"直到南宋初年，著名思想家、教育家张栻主教岳麓书院时，才开始明确提出教育宗旨。

为何南宋时岳麓书院的风貌会大不相同？这里就要谈到，南宋时期的书院建设运动。一代人有一代人的使命，一代人有一代人的担当。对于南宋新一代理学家们也是如此。

两宋之际，连天烽火。家亡国破、士风日下的严酷现实，让理学家深感重任在肩，于是提出了回心向善、重建伦常的主张，他们希望以一种新的价值观念作为精神纽带维系世道人心。于是，他们发动了一场绵延数十年之久的书院建设运动。在南宋，最先将理学和书院结合到一起的是湖湘学者，而岳麓书院正是湖湘学派的大本营。就这样，南宋开创了书院历史的新纪元，岳麓书院也迎来了发展的高潮。

（一）成就人才　传道济民

南宋乾道二年(1166)，张栻34岁，那一年他来到岳麓书院担任主讲，在《潭州重修岳麓书院记》这篇文章中提出了较为成熟的书院办学宗旨是"成就人才，传道济民"："侯之为是举也，岂将使子群居族谭，但为决科利禄计乎？抑岂使子习为言语文词之工而已乎？盖欲成就人才，以传斯道而济斯民也。"这段话充分体现了他对于科举成为利禄之学的批判。

为什么张栻"成就人才，以传斯道而济斯民"的教育宗旨，会在岳麓书院历史上产生这么重大的影响呢？这一教育宗旨的提出，其实锚定了岳麓书院的基本功能。

首先，张栻回答了"培养什么样的人才"。在他心中，创办书院的基本宗旨就是"成就人才"，这与当时科举的世俗功利背道而驰。怎么评判人才？人才的标准是什么？简单地说，就是"得时行道，事业满天下"，这个教育理想是张栻的首要考虑。在办学宗旨的引领下，岳麓书院的人才培养硕果累累。"岳麓巨子"成为南宋时期军事、政治、学术、教育各个领域的栋梁之材。

其次，张栻回答了"传承什么样的学问"。对于这个问题，张栻在《三先生祠记》一文中重申："师道之不可不立也久矣！良才美质，何世无之，而后世之人才所以不古如者，以夫师道之不立故也。"这句话充分阐释了他眼中复兴"师道"的紧迫性和重要性。具体怎么做呢？他在教学程序、教学内容、志趣养成等方面都进行了详细的论述。

最后，张栻回答了"实现怎样的经邦济世"。他继承了北宋胡瑗主张的"苏湖教法"，特别是"明体达用"的教育理念。"明体"主要是价值观的教育，而"达用"则是方法论的教育，具体来说是知识与技艺的经世济民教育。张栻守正创新，认为书院培养的人才，必须具备经世济民的充足能力，曾喟叹："世之兴废，生民之大本存焉，其可忽而不讲哉！"可见张栻把传授经世济民的知识与技能当作书院的重要使命。

自宋以后，几百年来，在张栻教学理念的引领下，岳麓书院传承赓续，人才辈出，不辱盛名，形成了如热带雨林般的人才集聚效应。据不完全统计，清代的岳麓书院前后培养出一万七千余学生，活跃在政治、军事、经济、外交、文化各个领域，王夫之、郭嵩焘、曾国藩、左宗棠、魏源、谭嗣同就是其中的翘楚。

这些影响了中国近代历史进程的风云人物都接受了岳麓书院的教育，不禁让我们思考：为何岳麓书院能培养那么多经世致用之才，在所有书院中独放异彩？而又为何，这类人才主要"井喷"于清代中晚期？据学者们研究，有两重因素叠加。首先，湖湘文化和湖湘学派历来推崇实践；其次，学术和思想的影响力需要时间演化，才能达到外化于行、内化于心。

（二）理学重镇　切磋交流

张栻担任主教期间，岳麓书院成为湖湘学派的中心，也成为南宋初年闻名天下的理学重镇。

一方水土养一方人，地域文化对于学术思想的影响总是潜移默化的。岳麓书院取湖湘楚文化之灵性，结合了实事求是、经世致用的特征，构建了一种极具特色的儒教文化形态，不啻为宋代书院的典范之作。张栻是湖湘学派的集大成者，弟子众多，使得湖湘学派的发展形成现象级的突破，继而能够从容不迫地走向至臻。由此可见，书院的讲学授徒，对于理学宗派和师承关系的形成，起了推波助澜的作用。

岳麓书院学术发展的鼎盛离不开崇尚对话、包容开放的学术氛围。一个最知名的事例就是"朱张会讲"，此次会讲开创了书院会讲的全新传统，是宋明理学又一个重要的节点。事情是这样的：乾道三年（1167），朱熹听说张栻办学办得很红火，特意从东南的福建崇安造访地处中原的岳麓书院。他与张栻论学，长达两月之久，围绕《中庸》中提到的良心之本质等问题激烈讨论，据称"三日夜而不能合"。最后两位先生在一些问题的理解上取得了突破，朱熹感叹："荷敬夫爱予甚笃，相与讲明其所未闻，日有问学之益。"如今，岳麓书院的讲台上仍摆着象征"朱张会讲"的两把椅子，表达对朱熹和张栻的敬意。

"朱张会讲"促进了闽学与湖湘学的切磋，是岳麓书院之中不同思想沟通对话的一个缩影。事实上，历朝历代几乎所有重要的学术流派都在岳麓书院留下了踪影。

经过南宋时期张栻和朱熹等大学者的经营，岳麓书院声名大噪，成为无数考生心中的"白月光"。因受名额限制，不少求学者无法就读，甚至喟叹以"终生不得卒业岳麓"为恨。可见宋人强烈的求知欲望和理想追求。

鼎盛时，岳麓书院学子达千人之多，于是有了"道林（寺）三百众，书院一千徒"的民谣。在人们的口口相传中，岳麓书院逐渐成为全国书院争相效法的典范。如创办于元朝至元年间（1264—1294）江西万载县的张岩书院就号称是参考了白鹿洞、岳麓两所著名学府而建，并立下规矩，告诫学生们要遵循朱熹、张栻两位理学大师在白鹿、岳麓两书院的学规。通过这些例子，我们足以感受宋元时期岳麓书院发展之兴旺、辐射之久远。

（三）皇帝接见　史上特例

之前说到，关于"四大书院"向来没有定论。范成大、吕祖谦总共列举了七所书院，其中只有岳麓书院是两人的"共识"。也正因如此，当代的人会把岳麓书院列为北宋"四大书院之首"。

普遍认为，来自官方的支持对于确立岳麓书院在天下书院中的地位非常关键。很多书院在历史发展过程中起起伏伏，相较而言，岳麓书院幸运得多，它一直都是湖南地区的最高学府。岳麓书院历经地方官员集社会之力支持、修缮，在历史上一直受到最高层的认可。康熙赐匾"学达性天"，乾隆赐匾"道南正脉"，都可以证明其地位。岳麓书院之所以能得到官方的高度肯定，源于它很早就有了成熟的形制，具备了完备的书院规制，拥有很高的教学水平和教育质量。

就官方支持而言，尤以宋真宗召见岳麓书院首任山长周式最为重要。据《岳麓书院志》记载，山长周式，在岳麓聚集数百名生徒相授受，引起了最高统治者的注意。大中祥符八年（1015），周式被圣上召见，受到最高层次的嘉奖，被赐予国子监主簿的职务。封官、颁书、赐额这三个不容易达成的"业绩"使得岳麓书院"始闻天下，鼓箧登堂者相继不绝"。

皇帝接见岳麓书院山长并拜为国家最高教育行政机构国子监官员，颁书赐额，这是整个宋代书院史上唯一的特例。此举确立了岳麓书院

岳麓书院御书楼

在全国最高学府的地位，此后历代，岳麓书院历任山长都被赐官，或者山长的任命权直接由中央掌握。这个传统一直延续，直到清末岳麓书院的最后一位山长为止。

值得注意的是，每年岳麓书院举行春秋大祭，地方官员都会莅临主持仪式。此外，官方也会专门拨款，作为岳麓书院祭祀仪式的专项经费。通过这两个举动，祭祀的程序基本为官方所控制，彰显了祭祀中政教合一的性质。它在国家政治合法性和儒家文化信仰之间构建起内在关联，也在莘莘学子之中树立起文化信仰。

德国哲学家黑格尔写过一句至今令人类深思的话："一个民族有一群仰望星空的人，他们才有希望。"这句话，用以形容岳麓的师生也十分合适。千余年来，岳麓书院的"经世致用""实事求是"的精神文化，培育了一代又一代杰出人才，为民族的复兴提供了坚强的人才支撑。

与此同时，书院自身也始终保持着旺盛的生命力，是北宋四大书院中一直办学至今的唯一一所高等学府。岳麓书院 1903 年改湖南高等学堂，1926 年定名湖南大学，1937 年升格为国立湖南大学。如今的"岳麓书院"，成为湖南大学的下属学院——历史哲学学院，融入了当代的气息和教学模式，焕发出新机、激发出活力。2020 年 9 月 17 日，习近平总书记来到湖南大学岳麓书院考察调研并发表重要讲话，表达了对岳麓书院一直以来的牵挂，对岳麓书院在传统文化中的地位和影响，深有感触，强调为新时代培养经世致用之才的重要性。

岳麓书院历经宋、元、明、清各代至今，历经千载，办学不已，兴学不变，真正称得上是"千年学府""道南正脉"。

三、丽泽书院——灿然昌明，兼容并包

韩愈《师说》有云："爱其子，择师而教之。"大意是如果爱护自己的孩子，那就要选择老师来教育他。此言不假，连朱熹这样的大学问家，都把自己最为看重的长子朱塾，送到别人门下求学。那么，究竟是哪位名师、哪座书院，能得到朱熹的信任？答曰：吕祖谦、丽泽书院。

丽泽书院位于金华。文脉浸润，历史传承，让金华这座城市有着与国家命运共振的气象。史料记载，自开科举以来，金华先后有 900 多位学子进士及第，其中有 4 位更是高中状元。丽泽书院无疑是这片土地上最为知名和重要的文化荟萃地，其兴建者是南宋理学儒宗吕祖谦。

吕祖谦半身像（《至圣先贤半身像册》） 台北故宫博物院藏

南宋理学儒宗吕祖谦（1137—1181），字伯恭，学者称东莱先生，与朱熹、张栻齐名，并称"东南三贤"。北宋靖康之变，宋室南渡，婺州因其山川景明和交通便捷，引来许多南迁后的文人士官聚居于此。吕祖谦的家族便是其中典型的望族世家，吕氏家学颇有渊源，根据全祖望的记述，"登学案者七世十七人"，其中5位官至宰相。

吕祖谦少时，在祖父的教导下读书。祖父经常向他讲述金华那些重信守义的名士，包括北宋、南宋交替之际涌现出来的抗金名将、文质彬彬的战神宗泽。这些志存高洁之士，成了吕祖谦的理想与信念，也为他日后开创"务实、守信、崇学、向善"的婺学，打下了坚实的基础。

浙江古代的书院与全国书院制度发展并行，而浙江地区书院的大量兴起则在宋代，无论是数量、规制，还是影响力，都堪称全国之典范。社会经济的发达是书院兴盛的一个重要原因。浙江地区早在五代吴越国时，社会经济发展水平就已超过北方地区，而到宋代，发展水平则更高。聚焦到南宋，全国有书院442所，浙江独占82所，数量排在江西之后，名列全国第二。

我们可以判定，南宋时期浙江文教事业的发达为丽泽书院的发展铺就了底色。

（一）四方学者　纷至沓来

吕祖谦踏上仕途后，先后履职多地，但实际当官时间不长，只有4年左右，大部分时间他居住在故乡金华。乾道四年（1168），吕祖谦创办书塾，名丽泽堂，又名丽泽书堂。书院地址位于金华城内光孝观侧（今金华市区西华寺一带），《吕祖谦全集·祠堂记》中描绘了他授学的场景，"四方学者，几于云集，横经受业，皆在于此"。

丽泽之名，有何讲究？一般认为，"丽泽"之名取自《周易》"兑卦"象义："丽泽兑，君子以朋友讲习。"清初丽正书院山长张祖年认为，吕祖谦命名丽泽是因为丽泽堂地势较高，南面双溪美景尽收眼底。而双溪交汇，也正符合《周易》中"交相浸润，互有滋益之象"。

丽泽书院因为吕祖谦的书堂而得名，也因为吕祖谦的讲学而声名远扬。全祖望把丽泽、岳麓、白鹿洞、象山书院并称"南宋四大书院"，足见得其地位之盛、影响之远。但丽泽书院让人感觉颇为"低调"，有关书院的史料研究较为稀少。书院虽然一脉相承孔孟之道，但也有不少特殊性，比如从位置上看，就独树一帜。它不同于岳麓、白鹿洞、象山等书院，没有选址山麓林野，而是办于金华城中吕祖谦曾祖父迁居金华时向官府所借之官屋。

因吕祖谦的威望，四方学者纷至沓来，云集于此。丽泽书院的讲学、祭祀、藏书、刻书等活动之活跃，堪称中国古代书院之楷模。史料记载，当时丽泽堂除专门的讲学场所外，还有固定的学生宿舍，一定程度上解决了寒门学子的后顾之忧。

（二）启迪心智　宽严相济

自由讲学和自由受学是丽泽书院特色的教育风格。吕祖谦注重传授经史、百家之学，定下"讲求经旨，明理躬行"的教育宗旨。书院采用问难论辩的教学方式，个别钻研、相互问答与集众讲解相结合。书院每月授课2—3次，一年举行一次考试。

吕祖谦对官学封闭、呆板的教学嫌恶反感，特别强调打破窠臼，鼓励学生去聆听不同学派大师的见解，大力倡导兼容并蓄的开放式教学。他的这一教育主张也使丽泽书院形成了极具特色的"讲会"制度，摒弃遵奉权威的执教思想，授课过程中师生双方频繁互动，通过不断交流和对话来达成共识。

吕祖谦也着意启迪学生心智，激发热忱，培养他们独立研究的习惯。吕祖谦在《丽泽讲义》中提出，为学贵创造，需自己独立研究，独辟蹊径，超越世俗的见解而有新的发明。因此，丽泽书院切磋、研讨之风甚盛。

值得一提的是，丽泽书院在吕祖谦主持期间始终是由他本人亲自担任主讲。至今，我们都没有发现徒弟代讲的史料记录。如果用现在的话说，就是教授自己讲授本科生的课，没有让自己带的博士生去代课。多年间，吕祖谦日复一日、亲力亲为，足以见得教书育人的尽心尽力与一丝不苟。

吕祖谦亲自制订学规，把"孝悌、忠信、明理、躬行"作为丽泽书院的校规校训。对于求学者，如有"亲在别居、亲没不葬、因丧婚娶、宗族讼财、侵扰公私、喧噪场屋、游荡不检"等行为，丽泽书院压根不予考虑；对于在读的学生，如果偶尔犯了上述错误，就规劝他，规劝后如果不改，就责备他，如若再不改，就曝光其不良行为，如果仍不思悔改，就毫不留情，开除学籍。

有意思的是，对于校友，规约也提出了要求。具体有哪些呢？从丽泽书院毕业的学生平时要继续坚持学习，而且要把每天的学习内容

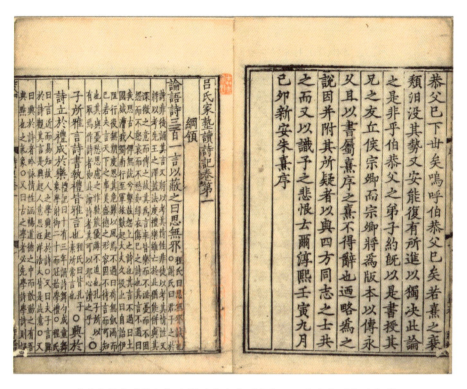

《吕氏家塾读诗记》书影（南宋浙刊本）　日本宫内厅书陵部藏

以日记的形式记下来，多少随意。如果遇到有事需要暂时停止学习，也需要在本子上及时记上一笔。一年当中停止学习最多不能超过100天，如果超过了，大家就不再把他当作同道。此外，对于虽然没有停止学习，但明显是应付了事的学生，大家要共同摒弃他……吕祖谦学问之深、管理之严，让书院生徒又敬又怕。面对老师一丝不苟的治学态度和书院严格严谨的制度规章，书院生徒大多能刻苦学习。严格的管理保证了"毕业生"的质量，实践证明，宋代浙江地区书院的规约对于书院办学事业的健康发展起了积极作用。

除了学规，吕祖谦还为书院编制了许多教材。《东莱左氏博议》《近思录》《吕氏家塾读诗记》《丽泽讲义》等教材，都流传后世、影响广泛。

（三）生徒培养　德才并重

丽泽书院是吕祖谦阐扬婺学的"传播源"，据《吕东莱文集》载，"士子相过聚学者近三百人"。前来求学者，络绎不绝，且都是人中龙凤，这些人当中，一位名叫葛洪的学生脱颖而出。

乾道八年（1172）二月，葛洪正式成为吕祖谦的嫡传弟子。吕祖谦对葛洪进行"考察"，内容是评论汉史中的任意一条内容。葛洪挥笔而就，文辞畅达，义理通畅。根据《葛洪行状》，吕祖谦赞他志气不卑，日后对葛洪也加倍关注，平日里考文著书，都让葛洪侍于左右。

"道统传千载,儒风振一时。"吕祖谦传授给学生们的绝不仅仅是知识，更是做人之根本、品性之修炼和为人之担当。有一次，葛洪请教恩师："怎么做才能坚守终身大节？"吕祖谦送给他"义命"两字，同时解释道："人发达与否、得失几何、寿命长短、福祸多少，都是天命。我们要坚持儒家所推崇的正道，等待时机就是最好的办法。""义命"这两个字，也从此成为葛洪的处世之道，无论仕途上坡还是下坡，他都不曾动摇忘却。他也把这二字刻在葛宅村家训馆内的迎门照壁上。待葛洪在宝庆年间（1225—1227）主管太学后，他向太学生们提出"器识为先"的训勉，强调做人要立德为先，与恩师的教诲一脉相承。

南宋宝庆三年（1227），葛洪76岁之时，被提拔为参知政事，正式进入宰辅序列。他在《涉史随笔》中提出"宅心广大者而后能胜其任"的为臣之道，也可以看作是恩师吕祖谦"以广大为心"学说的发扬延续，葛洪对于吕祖谦思想的捍卫与践履，从中可窥得一二。

除了葛洪之外，丽泽书院还培养出了一大批有影响力的弟子。仅《宋元学案》记载，吕祖谦的嫡传弟子就有吕祖俭、叶邦、楼昉、乔行简、王瀚、戚如琥、王深源等89人。丽泽弟子将吕氏之学播迁各地，推动了南宋思想界的繁荣，也奠定了婺州的学术声名。

纵观历代名家与丽泽书院有关的人物名单，在此任教或受学的，宋元两代有吕祖谦兄弟及丽泽诸儒，有王龙泽、北山四先生及柳贯，明代有魏骥、章懋、程文德，他们体现了丽泽书院的人才培养能量，弘扬了婺学"务实、守信、崇学、向善"的文化基因，更是婺学精神一脉相传的生动见证。

（四）海纳百川　婺学发端

兼容并包是吕祖谦最具特色的教育思想，而他宽大平和的性格也促进了丽泽书院和婺学的发展。换句话说，他追求学问的"大气候"，不搞学术的"小圈子"。

南宋时期的学术界，学派林立。是否类似春秋战国时期的"百家争鸣"呢？其实不然。各家学派争吵不断，争端纷攘，不仅没有彼此激发、共同促进，更不乏相互诋毁、沦为空谈。吕祖谦年少时，思想也很激进，后来读到《论语》中的"躬自厚而薄责于人"才幡然醒悟。他反对毫无意义地谈论阴阳性命之学，积极结交当时几个主要学派的中心人物。由他主持的"鹅湖之会"是中国古代最著名的一次讲会，目的就是弥合思想分歧。

南宋淳熙二年（1175），吕祖谦邀请了当时的两位理学大师朱熹和陆九渊到鹅湖寺论道。这次的讲学辩论开创了中国学术辩论与会讲之先河，吕祖谦的学术声望也因此达到顶峰。全祖望在《鲒埼亭集》评述了吕祖谦调和朱、陆学统之间矛盾的功绩，《宋元学案》里对吕祖谦的为学之道，评价是"东莱尤能并包一切"。由此可见，吕祖谦学术研究上兼收并蓄的特点。

丽泽书院也成为婺学（也称"吕学""金华学派"）"大本营"。从吕祖谦的思想和学说来看，婺学在当时可以说是自成一派、独具特色。

南宋初期，官学衰落，科举腐败，学风败坏。在理学家看来，问题出自当时的学校教育轻视伦理道德、引导学生"怀利去义"。为了打击此种风气，吕祖谦提出了义利观。他在《东莱左氏博议》中提出：君子处世要订立标准，遇到好事儿应当往后撤，把好处让给别人，这便是廉的体现；而见到不利的方面或者遇到危难的时候，就要冲到最前面，这就是义的体现。可见，挽救人心、弥补世道是吕祖谦讲学的出发点。

那时，吕祖谦在学人中享有很高声望，婺学也成为世所推重的显学。全祖望在《同谷三先生书院记》中说："宋乾淳以后，学派分而为三：朱学也，吕学也，陆学也，三家同时皆不甚合，朱学以格物致知，陆学以明心，吕学则兼取其长，而复以中原文献之统润色之。"吕祖谦的婺学以思想内涵最丰富、体系最博大闻名，与朱熹的理学、陆九渊的心学呈三足鼎立之势。因为丽泽书院，金华也成为当时学人心目中的圣地，《金华县志》有载："一时士人倾心向往，道统学派灿然昌明，名儒蔚兴，踵武相接，天下称婺州为小邹鲁。"

书院的发展为学派的形成、传播，提供了丰沃的土壤。名儒大师

鹅湖书院正门

在书院阐述、宣传自己的学术观点，既扩大了影响力，又深化了学术思想，进而逐渐形成各自的学派。我们看到，除了婺学，宋代浙江地区的著名学派如四明学派、永康学派、永嘉学派等，均与浙江的书院有着紧密的联系。可以说，大儒、书院、学统、地区发展，四位一体，相互支撑、相互促进。

往事越千年。清代张祖年的那句"是丽泽一泓，固八婺理学渊源也"，准确道出了丽泽书院的历史地位：既是金华地区璀璨思想的起源发端，也是宋代以来浙中文化的"重要窗口"。

四、鹅湖书院——千古雄辩，扬名建院

"江西四大名院"之一的鹅湖书院，起源很有意思。

宋代时，4位德高望重的名人在这里展开了一场雄辩。因雄辩而建起一个祠堂，而后祠堂又改为了书院，国内也许独此一所。这场峰会级别的辩论，重量级嘉宾云集，人称中国学术史上的一大盛事，也是春秋战国百家争鸣以来所未有之佳话。

（一）斡旋调解　期望"归一"

鹅湖之辩的主导者是吕祖谦，淳熙二年（1175），他起意到福建访问朱熹。两人为了传扬新儒学义理，着手编撰《近思录》，这部书编得很顺利，结束后，吕祖谦要返回居住地浙江金华，朱熹为他送行。

途经江西铅山鹅湖寺时，吕祖谦提出请二陆兄弟来到此地会面辩难。那个时候，朱熹的理学观念跟陆九龄、陆九渊的心学观念差异较

173

大，朱、陆二人曾多次书信往复，针锋相对，对彼此的见解都很不认同。根据《象山集》记载，陆氏曾在给朱熹的信中直接批评朱熹一派"太极即无极"的说教。同样，朱熹批评陆九渊的史实也不少，比如《朱文公集》里记载，"乖戾狠悖，将有大为吾道之害者，不待他时末流之弊矣"。

吕祖谦跟朱、陆两方都是朋友，他大概是希望通过自己的调和，让这两种不同的学术观念"会归于一"，实现思想阵营的内部统一。朱熹对吕先生的提议很赞同，于是就由吕祖谦出面邀请二陆兄弟来此相会。

陆九龄、陆九渊可能也一直在等待正面交锋的契机，马上接受了这个邀请。兄弟俩虽思想同宗，但在一些具体问题上也有分歧，正所谓"攘外必先安内"，于是，二人先关上门争论了一天一夜，终于统一了思想。六月初，陆氏兄弟启程来到鹅湖寺。

那个时候，朱熹 46 岁，声望极高。陆氏兄弟也与之势均力敌，陆九渊是心学的创始人，陆九龄也被称为海内儒宗。三位大佬级的人物凑在一起辩论，自然会引起很多人的关注。消息传出去之后，周边的学界知名人士蜂拥而至，甚至江西以外的浙江、福建等地许多官员、学者都慕名而来。史料记载，总共百余人见证了这场"对决"。

（二）三天三夜　激烈论战

辩论开始。陆九龄、陆九渊两兄弟做的第一件事就是念出二人所作的一首七律：

> 墟墓兴哀宗庙钦，斯人千古不磨心。
>
> 涓流积至沧溟水，拳石崇成泰华岑。
>
> 易简工夫终久大，支离事业竟浮沉。
>
> 欲知自下升高处，真伪先须辨古今。

这首诗前半部分铺陈，后半部分直接批评朱熹的教学方法不是探求根本，而是将学问搞得支离，碎片化严重。朱熹哪能受得了如此抨击？闻之色变，直言驳斥。据说辩论整整持续了三天三夜。

那辩论双方到底辩了点什么呢？简单来说就是"为学之道，教人之法"。第一个分歧点在于"为学之道"，到底是"性即理"，还是"心即理"？其实朱熹和陆九渊都是唯心主义思想，不同之处在于，朱熹认为"理"是在一切事物之先就客观存在的，这种说法在哲学上被叫作客观唯心主义；陆九渊认为"理"存在于人们的心里，人的主观意志能体现"理"，这种说法在哲学上被叫作主观唯心主义。二陆跟朱熹的这种思想观念和区别，被后世称为"朱陆异同"。

第二个分歧点在于"教人之法"，双方作为知名大儒，在修学方式上也存在较大的区别。朱熹主张"泛观博览而后归之约"，即先多读书，多观察，根据先贤的经验，再分析归纳，只有这样，才能在博的基础上归结到精深的道理上来，这就是所谓的"格物致知"。陆九渊主张"发明本心"，认为没必要多读书外求，重要的是认识自己的本心，先立志，然后"六经皆我注脚"，强调要先体认本心，去此心之蔽，先学做人，然后由人及事。

据《续近思录》所载，朱熹听到陆九渊的观点，直接抨击他们自信过头，"规模窄狭"。没想到，善辩的陆九渊提出了"尧舜之前有何书可读"之问来难朱熹，意思是尧、舜之前并没有古书可读，他们不也照样能成为后世称颂的圣贤吗？朱熹听罢，又气又急，但一时也想不出反驳之法，无奈之下愤然离席，拂袖而去。后来他在给吕祖谦的书信中是这么说的："吾痛不得自鹅湖，遂入怀玉，深山静坐数月。"鹅湖之会所带来的怒气，数月才得以消解。

如果说朱熹和陆氏兄弟是主辩手，那么吕祖谦就是裁判。对于结果，吕祖谦怎么看呢？他的总结见于《东莱别集》："元晦英迈刚明，而工夫就实入细，殊未可量。子静亦坚实有力，但欠开阔。"看来，吕祖谦婉转地批评了陆九渊在认识论上"欠开阔"，似乎倾向于朱熹胜利了。尽管如此，其实朱、陆在本质上并没有区别，黄宗羲在《宋元学案》中写道："二先生同植纲常，同扶名教，同宗孔孟。即使意见终于不合，亦不过仁者见仁，知者见知，所谓'学焉而得其性之所近'，原无有背于圣人，矧夫晚年又志同道合乎！"这句评述大抵是各方皆可接受的平实之论。

（三）学术争鸣　树立典范

有人认为，"鹅湖之会"没有达到思想的统一，是一次失败的学术聚会。果真如此吗？当然不是。鹅湖之会的成功不在于事件本身，而是对理学思想的促进和发展。对于中国的哲学史来说，这场辩论收获十分丰富，开中国书院"会讲"之先河。"鹅湖之会"的学术氛围、学术交流和学术公平，是使得"鹅湖之会"流传千年、成为中国古代学术典范的关键。

在中国哲学史上，朱熹和陆氏兄弟都是当时的学界巨擘，他们尽管不能说服对方，但依然大度地包容了对方的学术观点。会后双方也改变了过于偏激的看法，对一些批判性意见加以吸收、采纳，不失为学界的和谐。朱熹作为前辈，没有以辈分之名压制年轻人，而是充分尊重其学术自由，更带有一层提携的用意。

辩论双方没有因为理念不同而心存芥蒂、相互攻讦，而是用求同存异、互相包容的心态，演绎了坦坦荡荡的儒者风范和君子之风，为后世学术讨论树立起宽和容众的典范。鹅湖之会后，参会的两派弟子也如他们的老师一样经常相约于书院会讲和书信往来讨论学术。后世学者常通过书院会讲或书信来往进行学术争鸣，也是自此兴起。

尤为可贵的是，尽管互为"对手"，却彼此欣赏，私交甚笃。后来，

鹅湖书院院景

朱熹还请陆九渊到白鹿洞书院讲课，讲到《论语》"君子喻于义，小人喻于利"一章时，朱熹大为感动，说道："熹当与诸生共守，以无忘陆先生之训。"意思是我应当和学生们一同恪守，不忘陆先生的训诫。陆九渊去世时，朱熹闻此噩耗，带着门生亲赴奔丧，特别安排了一个灵位进行祭奠。

（四）原址建院　精神地标

"鹅湖之会"渐渐传播开去。这场现象级的辩论也使得鹅湖寺名声大噪。四位先贤相继去世之后，他们的学生为了纪念尊长，在论道的原址——鹅湖寺，兴建了四贤祠。等到宋淳祐十年（1250），当地的官员中来了一位叫蔡杭的人，他找到了"鹅湖之会"的旧址，奏请朝廷在此建立书院，宋理宗皇帝为这里赐名为"文宗书院"。再后来，为了纪念"鹅湖之会"，明景泰年间（1450—1457），遂改名"鹅湖书院"。

其实，历史上还有一次复刻版的"鹅湖之会"。鹅湖之辩后的第十三年（1188），爱国思想家、文学家陈亮邀请辛弃疾和朱熹再来鹅湖相会。后来，朱熹因故未到，陈、辛二人"长歌相答，极论世事"，畅谈十日。关于第二次鹅湖之会，文献记载不多，影响力也远不及第一次。

鹅湖书院在历史上屡遭兵祸，几经重建，几经变迁。到了光绪二十八年（1902），根据朝廷的命令，鹅湖书院最终改为了学堂，结束了书院的使命。1983年，当地政府在原址上重修鹅湖书院，这才使我们现今的踏访有了落脚之处。

鹅湖书院历经数百年，得以完整原貌再现，格局完整、风貌依旧，这在现今书院实物遗存中实为少见。寻访旧地，仿佛仍能听到回荡着的千古雄辩之声。

"鹅湖之会"孕育了良好的学术作风，儒学名家以实际行动展示了如何对待思想差异性。北宋时期倡导自由的学术风气，社会风气也得以一新。因一场兼容并蓄、思想飞扬的"千古一辩"，鹅湖书院驰誉史册，成为中国思想史上一处独特的文化地标、精神地标。

五、象山书院——独具一格，心学光明

之前说到，南宋理学内部流派纷呈、大师辈出，闽学、湖湘学、

婺学和象山学，谁才是儒家之正宗？为了传扬学说，朱熹、张栻、吕祖谦、陆九渊等理学家纷纷创办书院，以书院为阵地传道立学。

象山书院不同于白鹿洞、岳麓等著名书院，具有典型的私学性质，以其独特的风格，独树一帜。其创始人陆九渊曾在此地讲学，传承道统，固化儒学正统地位，这也是历史上象山学最为昌盛的时期。

（一）筚路蓝缕　草创精舍

象山原名应天山，位于江西省贵溪市，金溪东与贵溪县交接处，深谷为陵，水秀山明，是隐逸读书的好地方。

《象山年谱》载，淳熙十三年（1186），陆九渊的门生彭世昌来贵溪寻访旧友，登山游览，见风景秀丽、气候宜人，"陵高而谷邃，林茂而泉清"，于是与诸友商议，在山中搭起草堂，延请陆九渊讲学。当时陆九渊已经闲居家乡，很想办一所私学，于是欣然答应。陆九渊上山后，环视山形，宛然巨象，于是改称应天山为象山，自号象山翁，随后亲书匾额"象山精舍"，这就是象山书院的发端。

为什么称精舍，而非书院呢？陆九渊冠以讲学之地为"精舍"是经过了一番考量的。王应麟在《玉海》中提出，书院的"院"，实际有"周垣"的意思，与宫、殿、观、阁、馆同为房屋的名称。象山讲学，一切都很简陋，这里看不到高敞华丽的学宫，也没有形制规整的配套屋舍，应天山丛林之间仅有散落的简陋屋舍。这让我们能够理解，为何陆九渊说用"精舍"这个名称来命名儒者讲习之地，"甚无歉也"，不觉得难为情。

要在象山建造颇具规模的书院，对陆九渊和他的学生来说，是一件难事。首先，很多著名书院都有田产作为办学资金的来源，比如东佳书堂，就有家族拨给的学田20顷（2000亩）。而象山书院资金实在拮据。当时陆家家道中落，陆九渊囊中拮据，学生中"有力者寡"，并不富裕。加之精舍位置荒僻，长久荒芜，"良田清池，没于茅苇"，垦种之地不及一半，粮食特别匮乏。

象山办学的不易也体现在没有官方的资助。在很长的一段时间里，象山书院游离在官府之外。一方面，陆九渊当时不是职事官，而是祠禄官，也就是说没有实际职掌，只是闲差，因此，自然不具备朱熹那样的地方长官的职权。另一方面，朝廷没有特别下达公文，州县长吏无人关照，象山书院无法从官府获得钱粮。同一时期的衡阳石鼓书院，虽然建在山里，但是风光得多，先是李士真"请于郡守，即故址创书院"，然后是郡守上奏朝廷，为书院争取御赐匾额，相继得到过太宗、仁宗的照拂，由私办顺势转为官办。

至于经史典籍，象山书院更是稀缺。象山的讲学活动从荒郊旷野中起步，既无家族世代累积的私有藏书，也不像岳麓书院那么幸运，能得到宋真宗赐国子监的高文典册。

陆九渊为精舍倾注了所有心血。在这种条件下兴办精舍，除了要有拓展学派的满腔热忱，更要有千磨万击还坚劲的吃苦精神。他一边传道授业，一边率领彭世昌等门生开荒种田。他们筑室结庐，筚路蓝缕，开发象山，使得象山精舍日益完善，而陆九渊的所作所为也得到了学生的敬佩和崇敬。一年后，求学者闻声而至，越来越多，平时留居象山的学子一般维持在80至100人左右，规模并不算小，生徒"赖其相向之笃，无倦志耳"。上山求学的生徒自带粮食什物，一众师生，栖息山林，切磋学问，勤勉不辍。

草创象山的困苦非常人所能承受。可以说象山精舍的起步，完全源于陆九渊笃定的志向、坚韧的意志以及极强的学术吸引力。而精舍的发展则有赖于师生对学业的追求、相互的信赖和坚毅的精神力量维系。辛勤的劳动使象山精舍呈现出一派欣欣向荣景象，陆学门庭也达到鼎盛状态。当时各地书院竞起、讲学蔚然成风，然而类似象山这般的书院十分罕见。象山精舍的昌盛景象，甚至使当时已负盛名的朱熹也很向往，专门致函陆九渊："闻象山垦辟，架凿之功盖有绪，来学者亦甚。恨不得一至其间，观奇览胜。"象山精舍的风头也就略见一斑了。

（二）开创心学　独树一帜

在象山讲学的 5 年，是陆九渊人生历程中的辉煌阶段，既是他讲学的极盛时期，也是他心学的总结时期。

象山精舍之所以能名噪一时，吸引各方士人自愿前来，关键在于"心学"思想。怎么理解心学呢？心学是主观唯心主义哲学，陆九渊的主张是"人皆有是心，心皆具是理""心即理也"。这个说法直截了当，颇具说服力。今天我们生活中谈及的"心善""心狠""出于公心""真心实意"等等，与他说的"心"是一个意思。

象山精舍的办学宗旨是"明理""立心""做人"，主张通过一系列由内到外、由做人到做事的修养工夫来达到这一目的。在陆九渊看来，教育的目标是培养身心自由的"大人"，是为了"收拾精神，自作主宰"。他认为"此理本天所以与我，非由外铄"，我们每个人只要"明得此理"，就能成为自己的主宰。故此，他的教学形式与方法强调对自身固有"良心"的直觉体认，强调人具有主观能动性，需要自己去奋斗、去成人。

是不是谈"心"就是虚无缥缈呢？就只是仰望日月星辰，而不关注社会民生？并非如此。让我们来一同看看他的呼吁：要关注"国事民隐"，胸怀大者，以天下国家为己任；读书要"唯理是求"，只看其理如何，不看其人是谁；为官施政要坚持"制事以义"，以道义为准绳；为人处世要能够辨析义利，取舍要以义为标准，不谋取非分之利，等等。由此可见，陆九渊的心学理念紧扣时代，落脚点是"做人"，他所说的仁义道德与社会价值观念休戚相关，他提出的"宇宙"观念

〔南宋〕马远《高士观瀑图》　美国大都会博物馆藏

实际上是自己生活所在的社会，也就是南宋国家。

在多年的教育办学实践中，陆九渊也形成了独具特色的教学形式和教育方法。这些特色值得我们注意，也能带领我们走近他的思想。

陆九渊非常反对制定学规。一般来说，学规是书院制度化的一个重要标志，规定了书院的基本要求和对学生学习生活的规定守则。但陆九渊不这么认为，他强调为学要"先立乎其大者"，用不着那些条条框框的约束，关键在于发明本心的良知良能。这点在他早年讲学于槐堂时就有所体现。

象山精舍的升堂讲学也是独到之举。每次讲学之前，必须鸣鼓于精舍集中生徒，特别营造庄严肃穆的讲学气氛。陆九渊的神态凛然不可犯，从容讲学，"会揖升讲坐，容色粹然，精神炯然"，学徒"以一小牌书姓名年甲"，依次坐定，秩序井然。这有什么特别的原因吗？这与巩固师者为尊的尊卑观念无关，而是为了通过一系列严谨庄肃的程序，尽量排除可能影响学生注意力的外界干扰因素，比如减少学生们因为随便的氛围产生无关的思想和情绪。在这种没有干扰、没有任何无关事情妨碍的肃穆气氛中，学生容易产生敬畏的心理。陆九渊认为，唯有杂念俱无，齐肃无哗，才能向内探索"良心"。并且他又是优秀的学者和语言大师，他直接从本心、义利等简单问题开讲，引申到深奥哲理的独到见解，使得学生们"多自屈服""不敢复发"，情不自禁地被他高妙的讲学所折服。

除此之外，陆九渊还擅长用诘问法。不同于孔子循循善诱、循序渐进的教学方式，陆九渊直指思想矛盾。他的谈话法，颇似禅宗的"机锋"。用他自己的话讲，是"多就血脉上感动他"。陆九渊所谓的"血脉"，就是指人们最实际的思想矛盾。对此，包恢在《年谱后跋》中曾说："象山则学徒益大集，皆闻教而屈服……莫不明白洞达，深切痛快，如锋直破的，如刀解中节，使人心开目明。"

现在我们提倡要德智体美劳"五育并举"，其实象山精舍的教育实践中已经包含了类似的思想。山川名胜，佳处胜境，无不充满智慧，蕴含哲理灵性。在精舍研习之余，陆九渊常常带领生徒寄情山水，陶冶情操。淳熙十五年（1188）秋，陆九渊师生一行人，"观瀑半山，登舟水南。宿上清，信龙虎，次于新兴，究仙岩之胜"。在新兴寺时，陆九渊诗兴大发，题词《题新兴壁》："轻舟危樯，笑歌相闻，聚如鱼鳞，列如雁行。"淳熙十六年（1189）冬，陆九渊又偕同许昌朝等人漫游翠云寺，组织了一次有意思的野炊活动。

在象山讲学期间，陆九渊以其极富特色的教育方法培养了大批弟子，黄宗羲曾说："陆子之在象山五年间，弟子属籍者至数千人，何其盛哉。"绍熙二年（1191），一纸调令让陆九渊离开象山，临行前，他嘱托傅季鲁代为主掌，并希望他将精舍扩建成书院。遗憾的是陆九渊不久即去世了，象山精舍也日渐式微。

（三）迁址建院　发扬光大

陆九渊身后40年，象山书院如他所愿，终于建成。向朝廷奏请的人是陆九渊的再传弟子、江东提刑袁甫。他"筑室百楹""买田养士"，并以象山精舍"祠宇荒颓""不近通道"为由，向朝廷提出迁址的申请。经批准，袁甫把象山精舍迁到了贵溪县城河对岸的三峰山。第二年，理宗赐"象山书院"额，制匾张挂。此举结束了书院私人办学的阶段，宣告书院高规格的官办性质，从此进入了与石鼓、白鹿洞、岳麓等书院等同的行列。

袁甫《象山书院记》明示推崇陆学旨意："象山陆先生发明本心之学，有大功于世教，锡名文安，庸示褒美……推考学问源流所在，而象山先生之道益大光明。"既得到了理宗的帝王允许，又有浙东杨简、袁燮等著名弟子的鼓动，陆九渊夙愿得尝，心学一派也逐渐光明。

象山书院以"尊德性、治心术、教做人"为主旨，追求"立志""修身""涵养德性""变化气质"，以期完成"内圣而外王"的人格塑造。在陆九渊之后，象山弟子继续投身于教育事业，基本上也是遵循上述的方法体系来教书育人。据《宋元学案》及史传的记载，弟子共82名，代表人物有槐堂诸儒和"甬上四先生"，分别是杨简、袁燮、舒璘、沈焕，他们所主持和讲学的书院，也都成为传播象山心学的重要基地。

作为心学思想的开创者，陆九渊倾尽毕生的心血和精力，用于治学和传道。在极其困难的条件下，他依靠自己和学生的艰苦努力，开发象山，筑庐讲学，最终呈现出一个血肉丰满、生机勃勃的学派。而他的学术思想和教学艺术也在象山更臻完善，在中国古代思想史、私学发展史上留下了不可磨灭的印记华章。

至明代，王阳明继承了陆九渊强调的"心即是理"之思想，并发扬光大。王阳明的"心学"思想，是明代影响最大的哲学思想。其学术思想还传至东亚以及东南亚一带，影响不可谓不大。

结　语

　　随着中国文化的广泛传播，书院制度也被移植到国外，为传播中华文明，形成儒学汉字文化圈，并促进中华文明与当地文化的结合，推进世界文明向前发展作出了积极贡献。书院文化在域外的传播始于明代，但有目共睹的是，书院制度在宋代演进得非常完备，为后来"走出国门"打下了坚实的基础，其中朱熹所制定的学规《白鹿洞书院揭示》更是成为文化传播中的"高光"样榜。

　　书院传播的第一站是"东国"朝鲜。朝鲜《世宗实录》一书记载，世宗元年（1419），朝廷下诏，办书院有赏赐，经过20年的发展，再次诏令各官学效法朱子白鹿洞书院学规办学。儒家学者借鉴中国发达的书院制度，制定了各种院规，对书院的学习活动和运营方式都做了具体规定，进而加快了书院的制度化进程，书院也开始承担知识传承与文化传播的使命。最有力的倡导者当属有着"东国朱子"之称的李滉，他提出了全面引进中国书院的建议，创办伊山书院，并把朱熹的《白鹿洞书院揭示》作为书院教育的基本理论根据，不仅撰写了《白鹿洞学规集注序》，还将《学规》绘成图，以便学者理解。韩国学者金相根先生在《韩国书院制度之研究》中认为，书院"负有教学与奉祀先贤的双重使命"。读书人在书院读书讲学，从事教育活动，以儒家的"修身齐家治国平天下"理念为根本指导思想，以君子、圣人品格为个人道德修养的最高理想。总的来说，书院是儒家知识分子的集聚之地，也是儒家学者传播道义的场所，发挥着社会的教化功能。由此可见，朝鲜王朝以儒教治国，以儒家思想取代佛教成为国家统治理念，离不开朱熹学说和中国书院的影响。在君主"赐额书院"的推动下、在官府的提倡和士绅的热心创办下，仿效中国书院文化以教育子弟并奉祀先贤的书院开始在朝鲜各地酝酿建立，直至明万历至清康熙年间形成高潮，共有书院670所（据金相根先生统计），深刻影响了朝鲜民族的文化、学术、教育事业的发展。

后来，书院也由朝鲜再传到同在东亚文化圈的日本。《白鹿洞书院揭示》可谓"第一功臣"。其实，13世纪初期伴随着朱子学的东传，《揭示》就被传入日本，但没有得到重视，直到13世纪末期，才得到了广泛的传播，对日本社会产生了深远影响。日本儒学家山崎闇斋开始关注到《揭示》，对其进行表彰和宣扬，之后崎门学派的弟子纷纷投入《揭示》的讲解中。据不完全调查，日本各派学者留下的与《揭示》有关的著述达到50多种。通过对《揭示》内容的讲解，学者们把儒家伦理思想逐渐渗透到日本社会各个阶层。上至官学昌平黉（江户时代儒学教育的最高学府），下至藩校、乡学，处处可见《白鹿洞书院揭示》。鹤山书院、怀德学院等一些书院更是直接悬挂《揭示》。在对平民的管理过程中，地方官员也利用讲解《揭示》的方式教化地方百姓，使其遵守行为规范。

与此同时，书院作为一种文化教育制度也逐渐生根，江户时代中国"书院"的概念开始在学者中流传，1640年左右，有人开始把私塾称作书院。于是，作为学校和出版机构的书院出现了，长崎、滋贺等地均开始创建书院。书院在日本有很多种形态，主要是作为日本学校的书院、作为出版机构的书院、作为留学教育机构的书院等几种。其中作为学校的书院至少有81所，以讲汉学为主，部分书院可视作朱子学派、阳明学派的基地。明治维新后，随着日本的强大，留学日本的留学生越来越多，书院成为接纳中国留学生的教育机构。

除了中华文化圈国家，书院也传播到东南亚，甚至欧美地区，成为中外文化交流的桥梁。雍正年间，书院又由外国传教士移植到西洋的意大利，由华侨移植到南洋的印度尼西亚等地。

走出国门的书院，和中国本土的书院血脉相连，其文化功能保持不变，但因时代、地区、推动者、动机等因素不同，移植的书院与本土书院有很多区别。在邓洪波先生看来，主要有三类：一是在中国文化圈内的东亚地区，处在吸收中国文化的时期，其所创建的书院，从内容到形式都与中国看齐，但又有自己的特点，如韩国书院注重祭祀，日本书院强调刻书出版等，当这些地区转而学习西方时，为中国留学生建立的书院与当地受到西方教育制度影响的学校更接近。二是在华侨聚集区由华侨创建的书院，如印度尼西亚的明诚书院、新加坡的萃英书院、美国旧金山的大清书院等，目的是让侨胞子弟不忘根本，与本土书院的功能一脉相承。三是由西方人建立的书院，如意大利的圣家书院（文华书院），其建立目的是为学习西方文化的中国人提供服务，并将其作为中西文化交流的管道，其内容形式相较中国书院差异较大。

从时间的坐标来看，历史上，书院文化传播到了东亚、东南亚等地区，韩国、朝鲜、日本、越南、新加坡、泰国、马来西亚等国家接受了中国书院文化的移植，出现了大量的本土化书院，进一步扩大了中国书院文化的国际影响。现如今，又涌现出了一些民间非政府组织创办的综合性新型书院，它以学术为"核"、文化为"根"，联通高校、企业与社会，这类新型书院面向世界和未来的文化教育组织，成为充满活力的中华文明载体，传承传统文化、促进文明互鉴。

在全球化趋势日益明显、中国传统文化价值和魅力日益彰显的当下，我们从历史中洞见了书院在传播中国文化中所起的作用，认识到域外书院所承载的中华传统文化精神，这对我们重新认识中国文化精髓、增强文化自信有着重要的作用。尤其是随着"一带一路"建设的纵深推进，以宋代为发展最盛期的书院作为中国文化中的一个重要元素，有着促进沿线国家及地区文明共鉴，文化共同发展的巨大潜力与强劲内力，书院文化也将继续为世界发挥积极影响。

参考文献

〔宋〕陆九渊:《陆九渊集》，中华书局 1980 年版。

〔宋〕朱熹:《四书章句集注》，中华书局 1983 年版。

〔宋〕范仲淹:《范文正公文集》，中华书局 1984 年版。

〔宋〕石介:《徂徕石先生文集》，中华书局 1984 年版。

〔宋〕脱脱等:《宋史》，中华书局 1985 年版。

〔宋〕黎靖德:《朱子语类》，中华书局 1986 年版。

〔宋〕王应麟:《玉海》，上海书店 1987 年版。

〔宋〕陆九渊:《象山语录》，中华书局 1992 年版。

〔宋〕朱熹:《朱熹集》，郭齐、尹波点校，四川教育出版社 1996 年版。

〔宋〕李焘:《续资治通鉴长编》，中华书局 2004 年版。

〔宋〕程颢、程颐:《二程集》，王孝鱼点校，中华书局 2004 年版。

〔宋〕楼钥:《范文正公年谱》，上海古籍出版社 2005 年版。

〔宋〕朱熹:《朱文公集》，北京图书馆出版社 2006 年版。

〔宋〕吕祖谦:《吕祖谦全集》，浙江古籍出版社 2008 年版。

〔宋〕张栻：《张栻集》，中华书局 2015 年版。

〔元〕马端临：《文献通考》，上海师范大学古籍研究所、华东师范大学古籍研究所点校，中华书局 2011 年版。

〔明〕黄宗羲、全祖望：《宋元学案》，中华书局 1986 年版。

〔明〕王圻：《续文献通考》，上海古籍出版社 1988 年版。

〔清〕王懋竑：《朱子年谱》，中华书局 1998 年版。

孙彦民：《宋代书院制度之研究》，台湾政治大学教育研究所 1963 年版。

陈元晖、王炳照、尹德新：《中国古代的书院制度》，上海教育出版社 1981 年版。

张正藩：《中国书院制度考略》，江苏教育出版社 1985 年版。

李邦国：《朱熹和白鹿洞书院》，湖北教育出版社 1989 年版。

李才栋：《白鹿洞书院史略》，教育科学出版社 1989 年版。

朱汉民：《湖湘学派与岳麓书院》，教育科学出版社 1991 年版。

吴万居：《宋代书院与宋代学术之关系》，文史哲出版社 1991 年版。

刘卫东、高尚刚：《河南书院教育史》，中州古籍出版社 1991 年版。

丁钢、刘琪：《书院与中国文化》，上海教育出版社 1992 年版。

姚瀛艇：《宋代文化史》，河南大学出版社 1992 年版。

杨布生、彭定国：《中国书院与传统文化》，湖南教育出版社 1992 年版。

邱汉生、熊承涤：《南宋教育论著选》，人民教育出版社 1992 年版。

李才栋：《江西古代书院研究》，江西教育出版社 1993 年版。

白新良：《中国古代书院发展史》，天津大学出版社 1995 年版。

胡青：《书院的社会功能及其文化特色》，湖北教育出版社 1996 年版。

潘富恩、徐余庆：《吕祖谦评传》，南京大学出版社 1996 年版。

陈谷嘉、邓洪波：《中国书院制度研究》，浙江教育出版社 1997 年版。

李国钧：《中国书院史》，湖南教育出版社 1998 年版。

陈谷嘉、邓洪波：《中国书院史资料》，浙江教育出版社 1998 年版。

王炳照：《中国文化史知识丛书·中国古代书院》，商务印书馆 1998 年版。

李国钧、王炳照：《中国教育制度通史》，山东教育出版社 2000 年版。

邓洪波：《中国书院学规》，湖南大学出版社 2000 年版。

方彦寿：《朱熹书院与门人考》，华东师范大学出版社 2000 年版。

宫嵩涛：《嵩阳书院》，当代世界出版社 2001 年版。

刘海峰、李兵：《学优则仕：教育与科举制度》，长春出版社 2004 年版。

劳思光：《新编中国哲学史》，广西师范大学出版社 2005 年版。

钱穆：《宋明理学概述》，九州出版社 2011 年版。

邓洪波：《中国书院史》（增订版），武汉大学出版社 2012 年版。

王立斌：《鹅湖书院》，湖南大学出版社 2013 年版。

宫嵩涛：《嵩阳书院》，湖南大学出版社 2014 年版。

邓洪波、兰军：《中华文化元素·书院》，长春出版社 2016 年版。

朱汉民、邓洪波：《岳麓书院史》，湖南大学出版社 2017 年版。

肖永明：《儒学·书院·社会：社会文化史视野中的书院》，商务印书馆 2018 年版。

王炳照：《中国书院史话》，中国国际广播出版社 2020 年版。

韦力：《书院寻踪》，上海人民出版社 2020 年版。

邓洪波：《千年弦歌：书院简史》，海天出版社 2021 年版。

曾欢欢：《价值追求：书院精神初探》，海天出版社 2021 年版。

张劲松：《教养相资：书院经费研究》，海天出版社 2021 年版。

柳肃、柳思勉：《礼乐相成：书院建筑述略》，海天出版社 2021 年版。

兰军、邓洪波：《教学相长：书院教育概要》，海天出版社 2021 年版。

后　记

　　悠然是一种闲适自得的样子，也形容韵味不尽。语出东晋文学家陶潜《饮酒》一诗："采菊东篱下，悠然见南山。"写作反映宋书院生活的书，取名《书院悠然》，是想表明宋代书院生活的一种悠闲意境，也较符合"宋韵文化生活系列丛书"的定位。

　　宋代延续了300多年，书院内容涉及方方面面。要在浩如烟海的资料中去芜存菁梳理出主要内容，并把无形的内容转化为有形的表达，写得通俗易懂、深入浅出，颇不容易。

　　最后，我们决定，既顾及书院发展的时间顺序，也照顾到最有代表性的人物与事件，纵横结合架构本书。第一、二章《书院兴起伴坎坷》《书院兴盛显辉煌》聚焦宋代书院发展脉络，着重说明书院发展的时代与社会背景及主要历程，突出书院发展外部环境。第三、四章《书院繁荣有大道》《书院经营多良方》，反映书院的特色和制度，着重于书院教育教学情况和内部运作体系，解密书院值得借鉴的文化底色和制度设计。第五、六章《名人名院相辉映》《书院群星皆璀璨》描画宋代最有代表性的一些书院和人物，用具体内容和细节彰显名人名院的独特之处，提供效仿案例。

　　本书大纲由言宏与俞寅琳共同探讨制定，并吸收了课题评审组专家的意见。第一至四章由言宏执笔，第五、六章由俞寅琳执笔，以俞寅琳为主统稿。插图大多来自各大博物馆，部分插图来自著名藏书家、故宫博物院故宫学研究所兼职研究员韦力先生，感谢他对这本小书的成全。

本书引用了很多前辈和当代学者的研究成果，在此我们向学者们表示由衷的敬意和真诚的感谢。虽然列出了参考文献及其出处来源，但我们深知由于学力不逮，可能还有遗漏，敬请方家原谅。

还要特别感谢浙江省社科规划办、杭州市委宣传部、"宋韵文化生活系列丛书"课题组的领导和杭州出版社的编辑们，是他们的策划与推动，让千年宋韵在新时代"流动"起来，跃然纸上，走入万家。

此次成书，是对宋代书院发展的一次梳理，是以书院为元素对宋韵文化的一次探讨，我们的探索必然还存在诸多不足之处，恳请读者诸君识之、谅之、指正之。

"宋韵文化生活系列丛书" 跋

2021年8月，省委召开文化工作会议，对实施"宋韵文化传世工程"作出部署。在浙江省委宣传部、杭州市委宣传部及上城区委宣传部领导和指导下，杭州宋韵文化研究传承中心牵头抓总，组织中心学术咨询委员会专家具体承担"宋韵文化生活系列丛书"编撰工作。

浙江省委始终高度重视文化强省建设，在深入推进浙江文化研究工程的同时，部署实施"宋韵文化传世工程"，着力构建宋韵文化挖掘、保护、提升、研究、传承工作体系，让千年宋韵在新时代"流动"起来，"传承"下去。在浙江省社科联的大力支持下，本套丛书被列为"浙江文化研究工程"重大项目。经过一年多努力，丛书编撰工作顺利推进，并取得阶段性成果。

丛书共16册，以百姓生活为切入点，力求从文化视角比较系统地叙述两宋时期与百姓生活密切相关的重要文明史实、重要文化人物与重要文化成果，期望通过形象生动的叙述立体呈现宋代浙江的文脉渊源、人文风采与宋韵遗音，梳理宋代浙江文化的传承发展脉络。这项工作，得到了省内外众多高校与研究机构的积极响应，也得到了史学界、文学界及其他领域众多专家学者的全力支持。各位专家学者承接课题以后，高度重视、精心谋划、认真写作，按时完成撰稿，又经多领域专家严格把关，终于顺利完成编撰出版工作。

在丛书编撰出版过程中，我们突出强调三方面要求：一是思想性。树立大历史观，打破王朝时空体系，突出宋韵文化的历史延续性，用历史、发展、辩证的眼光，从历史长河、时代大潮中把握宋韵文化历史方位，全面阐释宋韵文化特色成就，提炼其具有历史进步意义的文化元素，让每一位读者通过阅读这套丛书，对宋韵文化形成基本的认知，对两宋文化渊源沿革有客观的认识。二是真实性。书稿的每一个知识点力求符合两宋史实，注重对与文化紧密相关的经济、外交、军事、社会等领域知识的客观阐述，使读者对宋代文明的深刻内涵、独特价值及传承规律形成科学的认识，产生正确的认知。三是可读性。文字叙述活泼清新，图片丰富多彩，助力读者开卷获益，在阅读中加深对宋韵文化多层面、多视角的感知与体悟。我们希望这套成规模、成系列的通俗类图书的出版，能对全省宋韵文化研究与传承工作起到推动促进作用。

在丛书即将付梓之际，谨向参与丛书组织领导和撰稿的专家学者表示衷心的感谢！向所有为这套丛书编辑出版提供支持帮助的朋友表示诚挚的感谢！

"宋韵文化生活系列丛书"编纂委员会

2023 年 4 月 17 日